浙江潮第五期目錄

癸卯五月二十日

浙江潮第五期

目錄

購閱畧則

一定閱本誌在東京者可函向本發行所掛號每期當按址寄送在內地者可就近向上列各代派所購取或逕寄函本社亦可但必須將報費郵資先行付下自然按寄無誤

一向本社定購者由本社發給收條向代派所定購者由代派所發給收條遇有已付報資而報未能按期送到者可憑收條向原定處函索

售報價目表

全年十二冊	半年六冊	每冊
三元二角	一元七角	三角

購閱十份以上者照半年例二十分以上者照全年例又定閱十分以上者每分價三元日本各地悉照前例八折內地郵費酌加

浙江同鄉會贊助員續捐題名

夏主政循垍　捐日金貳拾圓
孫觀察寶琦　捐日金壹伯圓
金茂才興祥　捐日金貳圓
鄭主政復盧　捐墨銀拾圓
葉女士翰　捐墨銀拾圓

本會蒙　海內外同鄉諸君樂助多金無任感激合亟誌此鳴謝

浙江同鄉會幹事謹啓

本會調查部廣告

省城總受函處託萬安僑白話報館汪曼鋒先生葵巷安定學堂韓靜涵先生代收凡有惠寄稿件逕交二君不至有誤

浙江同鄉會調查部幹事謹啓

教科書譯輯社刊行書目

日本東京神田駿河台鈴木町十八番地清國留學生會館

中學地文教科書

定價 大洋九角 洋裝全一冊

滄海桑田變換不測說者謂造物之妙而不知實關至理日本神谷市郎以最新之學說明地球之構造論證確鑿說理詳明不特為教科中之善本抑亦研究哲理者所不可不讀之書也插圖六十餘幅俱用精緻銅板鑄成尤覺璨爛可觀譯筆亦暢達流利

中學物理教科書

定價 大洋六角 洋裝第一卷全

是書為日本水島久太郎原著義烏陳榥譯補陳氏於日本帝國工科大學校肄業研究物理確有心得故能說理透闢措詞明遠於數學公式尤所詳備洵理科之佳本也至其裝訂華麗繪圖精緻猶其餘事

中學生理教科書

定價 大洋八角 洋裝全一冊

是書為美國斯起爾原著暨陽何燏時譯補說理既精攷證尤確每篇悉附試驗方法以供臨時參考插圖數十幅用最精銅板明細可愛洵中等生理教科之善本前此得未曾有者也

中學化學教科書

近刊

是書為吉田彥六郎氏最新之作氏著著化學凡三種本編以法國化學名家奧世脫畫兒特博士之說為主而參以平昔經驗提綱挈領透闢精深不沾沾於公式而公式自無不賅洽為化學教科中傑出之書

物理易解

定價 大洋一圓 洋裝全一冊

是書為義烏陳榥氏撰旁搜各書博考學說插圖百八十餘幅說理簡明為物理初步之佳本足與本社前出之中學物理教科書相輔而行

教育志叢第一編

近刊

青年教育

車之於輪舟之於柁四肢百骸之於空氣也猶教育之於精神也歐洲今日之種種科學有胎息於印度者是印度何嘗無教育而今亡矣曰惟無精神故有發源於亞刺伯者是亞刺伯何嘗無教育而今弱矣曰惟無精神故支那二千年來帝王提倡之儒生鼓吹之學界奴性根深柢固今當廿紀擘頭初優勝劣敗天演日亟青年青年苟猶蔑視人格隳落萬丈坑中而不一求解脫㩻折榱崩嗟何及矣是書專激發青年使養成獨立自尊不撓不屈之精神爲主義爰亟譯之以餉我同志對症發藥或將是賴

教育志叢第二編

近刊

國家教育

嗟我同胞非問難於老學究即受業於宣教師而其結果甲則崇拜古人乙則崇拜外人求其卓然特立保我國粹者曠世罕聞是豈學於人之害耶抑不知所以學之害耳日本以學於我而開化學於歐美而進化其所以得成今日之日本者以其民皆以大和魂爲性質足以保其國之粹也是書爲日本初興教育之事雖事事借資於人仍事事不忘乎己洵足爲我國教育前車之鑑爰急譯之以供世之有心教育者

教育志叢第三編

近刊

教育原理

是書爲日本東京專門學校文學教育科講義抉歐美大教育家之精義網羅薈萃而成爲製造國民之基礎舉凡體育智育情育德育及設立學校之原理靡不委曲詳盡言之娓娓經海門季君譯出言簡意賅文筆暢適我國志士熱心教育者果一閱此則理想之發達教法之精良什佰疇昔無俟贅言現已印成不日出書

教育志叢第四編

社會學提綱

定價　大洋二角五分　洋裝全一册

是書爲美國吉登斯原著涇陽吳建常重譯自個人之交際以至團體之集合其間於社會之本質活動發達等無不探源提要闡述無遺理蘊精深譯筆犀利洵哲理中之佳品也

秀水學堂本年開校式

東京並木活版所製版

鸞湖勝景（其一）

落帆亭

浙風篇（續第四期）

匪石

如上所述其五原于人爲者其一原于天然者以歷史之公例推之我浙江盖已進于世界之第二階級特尚未光大之而統合之耳雖然此五種原因中皆含有第六原因之種子第六因其母也而五因者又是母腹孕育而手提挈之產兒也夫必舍其天然而人爲于是焉獨立此於事實上萬不能然固已雖然要亦非漸漸離立而使終達于圓滿之境不可也吾浙風之屬于人爲者盖猶在幼稚之世矣此駁雜的而非完純的者也不寧唯是吾浙江于人爲上尚有至重要之弱點而對于自他地方各各有特殊之元氣毋亦唯採補之又各各有不苟同之單質毋亦唯調和之乃曰姑舍是姑舍是盡棄一切而孤抱一保守主義亦自豪于東海之一隅之人也之

社說

言也其將爲吾浙江病矣

吾今敢正告于我鄉人曰分治者統一之母也無四方上下則中央何說無頭首手足則胸腹何存曰中國曰中國自剖解學者視之是亦一空名焉耳吾嘗釋中國二字之名義猶一橘然未見橘者不知何物也曰吾其吞之皮歟核歟不復辨別此其時雖獼猴亦竊笑之矣不然刀以剖之瓣瓣以析之任取其一亦復名橘合併七八橘仍是圓此食橘者無不鮮也中國亦猶是說耳中國大矣析而爲十八行省此十八行省之圈限內必各各含一中國之質點而外此則無所謂中國其義其理無論言統一言分治者皆所當公認者也亦已若是則于吾浙江分治之時而尚有否認此說者直謚曰自暴自棄充其所極必使吾浙江永遠沈淪于萬重地獄之下而後止嗚呼吾魂其狂顚也乎

要之不於自治上着想雖日日言强中國無益言自治矣而或徘徊于鄉愿之門拘牽于故常調停之學說無非無刺曰可曰否又或拾一遺二剜肉補瘡若是者雖盡舉吾浙江以畀之又盡舉吾中國以畀之人萃數百代累數十猶之無效也抑猶有

大焉者人能以世界之觀念視國家則國家治人能以國家之觀念視地方則地方治世界也國家也地方也皆出于同一之系統而非可分裂者也由玆二義而惘惘焉自棄或局局然自隘君子曰是惡乎可

二義不可盡去而吾浙江今日自治之方是亦有所在矣我思之我思之敢以昔所知者以略陳于我鄉人之前

一自地發達　一地方而不有堅固之根據地者雖外力影響日日有所輸入吾懼其無以受也風東則東風西則西此殆爲至切近之譬喩吾浙風氣之不同亦已如前云云今乃曰必盡捨之此于理論或然而于事實上究何裨益乎不然毋甯自發達自地方所具有之特質而修飾之潤色之而猶得一當于社會吾浙台州各城鄉村族聚居大都皆含有自治之質點地方有事必先取決於鄉老無有願入官廷者又一切納稅涉訟亦必于鄉老受命焉溫州瑞安縱橫不三里而學校中小林立地方紳士皆有參與行政之權官則承命畫諾而已同光之間杭州善後一切事宜如善堂書院土木工程之屬莫不由紳士主之其於權也或兼議決與執行之二機關

或由紳士議決而以執行權付之官長自餘各府亦皆稱是此猶就紳、社、會言之也。又徵之于商嘉湖之絲杭之綢杭之扇其餘竹木綿布酒茶麥棗之屬莫不有統一之機關以主持其全部焉即以杭州言之凡自絲錢藥材極于理髮猪市亦皆設立會舘有事則公決之雖然猶此商社會言之也又徵之平民台州諸境歲有械鬥而紹興諸暨則邊壽二姓歷數百年未嘗通好將鬥各號召數百人兵械相接死傷如山官吏作壁上觀而已（洪楊之難紹興有包村者聚族抗戰洪軍前後敗死數十萬人後以全力攻之乃破）夫此何足稱道然吾觀歐洲各國所號爲平民社會者其初何嘗不若是吾民特僅有其影響而尚未有完全之規則焉耳苟於其所固有者而充之以實力激之以歐風登高一呼必有應者不待數年而吾浙地方自治之權利盡移于若紳若士若商若平民之掌握而吾浙自治之基礎立矣此屬於改良問題者也

二通省調和　吾浙風氣問題之至不能解決者唯東西浙之各自殊尙而已雖然此固限于天然而于人爲力尙未發達之時則一有之耳設自治益益圓滿其必能

達於統一之目的者亦復尋常今就大別言之浙西以文浙東以武浙西之人多活潑浙東之人多厚重浙西人好爲表面之事業浙東人能爲實地之研究其弊也浙西之人柔浙東之人閉浙西人少團結之力浙東人乏交通之性又析而言之浙西各府州縣又各有不同而浙東諸郡又自有其殊異焉例如台甯接壤兩地風氣儼如天淵此府與府之異也瑞安與永嘉同屬溫州而地方性質無一同者又析而言之凡村與村之關係鄉與鄉之承接亦復有特一之風氣若是者何也交通未便利之故也惟無交通故地方紳民各自限于天然力之感動久之又久乃成自地方一種特別之殊尙惟無交通故地方紳民又各自局于自地方一種特別之殊尙而無有統治機關以司全部之命令焉此吾浙自治前途所最爲遺憾者也然則吾人注意於統一問題者亦唯置重于交通之機關而已杭州當東西浙之中央其人負有兩浙人之性質又爲各府人聚集之地今當注重于是而組一機關部若教育若調查若招待皆自玆發生以布行於各分地各分地人歲以時大會于省會以研究其風俗之美惡異同而一致之雖然尤有至重要者則語言問題是也吾中國無國語

閩廣方言吾浙人聽之亦已一字不能解且就吾浙言之温州語不移于台州金華語不移于紹興處州語不移于杭州此又交通上最不便利之總原因也今就各省之所通用者則唯官音吾用之以達于各地方凡一學堂一社會皆設一官語研究所亦歲以時大會于省會而互爲研究焉此則吾浙風統一之要素而又爲吾中國國語之起點也此屬于浙風統一問題者也

三內國交通　雖然吾浙江于改良與統一之兩大問題而試一解決之設自閉于吾浙江之圈限而不復取法于他則雖種種成立而于將來中國統一之系統必成爲聯邦的而不爲合衆的尙未足以饜吾中國國民之希望我浙江位于楊子江之下流地勢趨于東偏其于縱横中原不無有隔膜之感昔者三國孫氏五代錢氏卓然可謂人豪矣然蜷伏東隅憚于進取此皆于地理有絕大之影響者也不甯唯是吾浙人之性質蓋尙含有多種之缺點甯人海外事業數頗寥落例于廣人之在美洲之在南洋各埠者其勢力大不若其情誼亦大不若且甯人純守一『私財主義』而于公共事業又自任不如廣人其缺點一也鄉軍之興也實惟湘人昔者洪楊難

作。曾國藩提鄉勇馳驅奔逐。以此底大難焉。良由湘人皆負有『忍苦』『冒險』之性質又富于『團結力』故湘軍所至無不靡者（某評洪楊之役爲湘粵交爭時期亦自有說）吾浙軍國民之產鄉要必出于金處二州然未能湘人若也其缺點二也北省之民皆以爽直著殺人則自首格鬥則捨命卒以此故乃能造成野蠻排外之秘黨庚子一役全國震蕩此又爲吾浙人所未有也其缺點三也嗚呼吾浙江負此三大缺點則于其國系內而將爲其佳兒是非採擇他分子所特負有之各各物而以盡輸于我浙江以待合于吾中國獨造之國風則未有能濟者也而不然者必當自內國交通始矣是爲浙風成立之第三級

四外國輸入　日本前十餘年大行歐化主義保守黨聞而懼之日提『國粹說』以號于國德富氏評之曰『將愛國權而反充以鎖國之精神將維國體而適續以舊日本之慣習』夫斯語固非如今日之所號爲維新黨者仿其一履一杖逍遙海上以爲文明招市之比例蓋一國必有所稱爲國風者發于聲音則爲國歌國歌者全國人民之性質之代表也英法以海峽爲界而國風迴不相若英國開化程度爲他

社說

國先。其爲人也堅制而有力富于自治厚于公德言人格者要必取是法經數王暴恣以後跳天躑地憤而爲不平之風其爲人也勇而悍動而無常處是善寫新國民之狀態者也日本以武士道驕于人者今國土日以軍國民主義提倡後進盖猶仍尙武遺風嗚呼若此者吾中國嘗以數十萬方里之領土數億百萬之金錢又拚捨數千百萬之人民性命條約屢結港岸屢讓而卒未能購得者也雖然誓必得之不得則必注精神之半以購之而以合于吾中國固有之特質以造良吾國風此國際精神貿易家所最當有事者也不此之務而年年所輸入者乃在葡萄酒乃在煙草乃在飲食用處各種種物而曰吾固持歐化主義以改良吾中國果若是吾浙江之民風改良家盖無慮其仟佰其奈之造成一外國國民何也然則注意于風氣問題者亦必有所較矣是爲浙風成立之第四級

嗟乎今鄉人所日日強聒于諸父伯叔兄弟之前者非曰『開風氣開風氣』之說乎夫風氣何說吾浙之風氣又何狀乃曰開之開之開之云者吾鄉土本具有此種之風氣而或閉于黑暗無人行之鄉今乃大發其覆而冀一光大之耳雖然吾嘗觀我

鄉人之所爲大都注意于表面之事業與夫名譽上之一言一動盖尙有得是已足之概夫未嘗治事何得云得所治已微何得云足今日之浙風問題盖爲至重至大而又爲至繁至雜之事件是非于吾浙社會上種種之方面而求得其眞相又非于所求得之眞相而以解剖學分別其條理又以統計學合參其情形則固不易解決者也我鄉人有試欲解決此者乎則敢與我鄉人約曰第一曰通情何謂通情吾鄉人自上下下官者吏者士者商者下至乞丐走卒皆吾社會內至有關係之人物而吾所賴以爲治者也其勿離之離則孤孤則塞第二曰習勞何謂習勞我鄉人耳所聞目所見身所習處之各各事各各物薄米鹽爲瑣屑斥歌謠爲鄙倍雖然其勿以爲瑣屑也其鉅大矣其勿以爲鄙倍也其重要矣夫以鉅大重要之事件而概下以『不屑與語』與『無足輕重』之評語則所謂風氣問題者仍屬于虛無無何有之鄉雖日日以風氣之說大號于國中而究何裨益也耶

我鄉人其思之其思之美利堅之合衆德意志之聯邦有不基于自治者乎方其始也十三州之獨立四十餘國之分治有不導源于社會者乎吾甞中夜不寐撫髀太

社說

息求所以影響于吾中國者以爲吾浙江固祖國國系內之一分子而治浙即所以治中國又直抉浙江風氣之大概而別之以六因序之以四級又貫之以通情習勞二者治浙大要略具是矣雖然此非一人一社會力所能爲者也我諸父伯叔諸兄弟生於斯長于斯聚黨族于斯要皆有負擔全浙之責任而無可巧言飾辞爲中立計其濟也吾浙人之榮不濟亦唯吾浙人之辱榮辱二者我鄉人自擇而已不然徘徊中道議論日騰聞詆浙言而喜聞毀浙言而怒一若自處于莊周逍遙之地位而無復有擔任焉者則吾浙何賴焉夫至吾浙無所可賴斯其影響及于吾中國前途者當更何如詩曰嗟我邦人莫肯念亂又曰父母先祖胡寧忍予鄉人乎鄉人乎讀此詩者其怦怦然心動否乎

（完）

民族主義論（續第二期）

余一

成立時代

嗚呼民族主義之過渡誠最慘痛之時代哉夫一物之生長固未有不經痛苦而能有濟者也彼志士之日所思夜所夢之祖國忽隱忽現者有年矣夫志一立何事不成而必千挫萬折始克有濟者毋亦由於經驗之未足耶夫痛苦即經驗也吾輩生今日之亞洲以其時計之則今日以後吾知其爲痛苦之時代必矣讀前人之史即其經驗以爲後日辦事之準繩此歷史之所以可貴也故吾讀過渡時代之歷史憂沈沈而襲心乃因其經驗之跡而得數義也亦可爲後日之鑒矣

民族主義者何吾重言之矣統一同族是也雖然吾知天下事業之難固未有甚于

統一者也蓋統一有要素焉一曰內有統一之機關以持其秩序一曰外有强劇之刺擊以激其感情國民當過渡之時其交鬨之聲必劇于是而不一主腦爲之根榦焉則雖對外有統一而政策有緩急焉措置有先後焉苟一事之不相合即足以坐失統一之機千八百四十八年之日耳曼之伊太利皆是矣是故日耳曼之有普魯西也伊太利之有徹耳其也所謂統一之機關是也蓋昔日歐洲中部本爲無數小國雖同族統一迫於天然之勢自然而然而其間因歷史地理上之關係內部之終不免有衝突者勢也故畢士麻加富兒之謀統一終不得不藉手於普魯西徹耳其以定中央之基礎則誠以勢之所在非强力不足以濟事也此一義也戰爭者統一國民之良策也無普墺普法之戰則日耳曼終不能聯邦無伊墺之戰則伊太利終不能獨立自政略上言之固事之至顯而不知其影響之及于國民心理上者其力爲尤弘也對外之戰爭起而內部統一之基礎定故雖以徹耳其之小國而加富兒必力求戰爭內擴軍備外結法援雖法帝半途食言一時不能遂其目的然伊太利統一事業至是而大定矣此又一義也

今請歷述成立時代之歷史。

一日耳曼統一　千八百四十八年之後。日耳曼統一之形勢漸定矣。然當時各地小邦君主。非得一强大有權力之一國以强制之。則互持其權。結合終難成功。而普魯西之權力。實未必能强於墺也。故畢士麻之第一政策。首在强普。而改革普國軍隊。則又爲强普之起點。雖然。普强矣。兩雄不並棲。普墺之不能不出於戰者。勢也。而當時有一絕大顧慮。爲畢士麻爲深忌者。則拿坡侖三世方挾其蹂躪之野心。以虎視南邦日耳曼是也。至是而畢士麻之外交手段出。彼既以僞言誘法帝。而利乘丁抹問題。遂一戰勝墺。而北部之日耳曼大定矣。法帝初欲利乘普墺之戰。以擴張領土。而不意普人之食言也。于是普法之戰爭起。斯丹一役。卒以不振。而南部日耳曼之統一亦成。

一伊太利統一　伊太利之統一。與日耳曼異。蓋徹耳其弱小。於普。而伊民之熱望自由。甚于普。且其信任徹耳。其不如日耳曼小邦之于普。而墺大利之勢力之在伊者。較日耳曼尤甚。蓋伊之統一事業。實較日耳曼爲尤難也。故當時欲統一伊太利不可不着眼此二點一則使伊太利全體知徹耳其之可信任而服從之一則使徹耳其具有抵抗墺人之力其第一策加富兒所優爲者也徹王之即位既誓守憲法以收民心而格里米亞之役又得英法之歡心伊民信徹王之可與有爲也至矣若夫第二策則以區區之徹要終不可以敵墺而加富兒乃利用拿坡侖三世之野心以成墺伊之戰伊太利各處皆雲集響應以求歸附于徹而事機遂熟南部伊太利又以加利波的之功而大定所未定者特羅馬故都仍以法王之故而法人之勢力未去耳及普法戰後而伊太利統一之功亦告成矣

一愛蘭問題　吾觀愛蘭之於英而知民族主義之勢力矣嗚呼『使愛蘭一旦流入于太平洋不然或沈于海底不再見于是英人始得高枕臥』種族之戚入于心骨雖遲之百年三百年亦安能禁人之腦中不發見一種悲慘的歷史耶雖然要亦惟義俠之愛蘭則然耳愛蘭之被征服于英也在十七世紀彼雖力屈不能抗然心目中固未嘗一日忘也且英人今日之于愛蘭也許其參政權一切與英人無以異而所謂宗教問題土地問題（宗教問題者愛蘭爲加特力敎初英人不許加特力

教人入議會及爲官吏因此而愛蘭之暴動大起後卒許之土地問題者當英人初征愛蘭時盡沒其土地以入官故農人皆爲人勞作而已無土地所有權也）者自格蘭斯頓以後亦已着着改革而何以愛蘭人之激昂猶如是嗟乎使他人處此則必以爲英人之深仁厚澤涵洳敎育者三百餘年固未嘗以印度波蘭相待夫亦可以安心靜氣負大國民之名譽而安坐者矣而愛蘭之激昂猶如是國民國民可以興矣

一東方問題　土耳其者一舊式之帝國也彼始以武力鍵結無數之異種異敎者而名之曰國土之專制政體夫在百年前則亦何不可泱泱然稱大國然種性之不同根之于無始以前雖一時强之使一而動機一發即沛然莫能禦自維也納會議後而希臘動最先而塞耳維亞而蒙內格落而羅馬尼亞咸仰首伸眉言獨立矣嗟乎彼雖小國地方不過千里人口不過千萬然而有忍百年之風霜（指塞耳維亞）誓死不顧必欲達其目的而後已者吾是以知民族主義之深入人心蓋有如是之甚也于是土耳其遂有瓦觧之形俄羅斯適利用其民族政策而東方問題于以起

史老扶種族統一之說漸入于人心而俄人南下之勢漸急巴幹半島之風雲至今日尙連結紛擾而不可止蓋歐洲之大族三而在十九世紀中演民族建國之事業者要當以條頓人爲其主人公拉丁統一之說失敗于拿坡侖三世史老扶統一主義發軔于東方問題雖以歷史土地之久於分裂與夫俄人政治之自由尙未通過其時機尙未成熟而識者謂史老扶人種其于時爲將來則二十世紀之歐洲中或爲史老扶民族改革之時期乎然而東方亦從玆多事矣要而言之則民族主義者發起于法國大革命而成立於普法戰爭之後蓋至是而歐洲非民族的國家已絕影消聲不復出現其尙有一二缺點者惟英領愛蘭德領羅侖二州（割自法）墺匈之雙立君主及俄之於波蘭耳然皆以少數民族强鍵于多數之中固未聞以多數之民族而服從于少數之下者也然而彼愛蘭匈牙利法蘭西波蘭則尙且慷慨誓死必欲復其祖國而後已者

膨脹時代

自民族建國內部之統一事業定而向外之膨脹事業起膨脹者何有理想的有實

力的有自然的有個人的有强力的所謂理想的何也曰學說之勢力是也自物競自存之說興于是種類盛衰興亡之故明進化論者實民族主義之原泉也雖當時爲一種學說而不知理想既理解于人腦則事實即隨之而起『世界爲文明人所獨有』實進化論之後文而新帝國主義之精神也所謂實力的何也曰經濟之膨脹是也二十世紀中託辣斯脫（合數小公司而成一大公司）之制度興而經濟競爭之風潮一大變夫慾望無窮者也而經濟者資生之具也故經濟競爭實種族存亡之大關鍵雖然彼其侵略之勢力不在一時而在久遠不用急性而用緩性蓋其原動力之由來不由于一人而由于國民全體之動力故勢似緩而實則激也此則今日膨脹事業之第一事也所謂自然的者則生殖力是也自普法戰爭以後歐洲本部無戰爭所欲既遂相與休養生息而人口生殖力之速度乃大增千九百年終全歐人口四百又九兆有奇溯是以前千八百六十年則二百九十兆餘千八百年僅百七十六兆而三十年來之殖民于外者尚不計也于是殖民政略遂爲世界之大問題而白種之足跡遂徧履于大地所謂個人的何也則以教育之進步而人之

論說

能力日增也夫生殖力之膨脹要亦有一定之期限普法戰爭以來亦不過三十餘年耳而白人之勢力膨脹如是其甚者蓋不僅恃其人口之增殖亦個人能力之發達有以致之也白人之在澳洲者其數較他人種少十倍而彼乃能握其主權而有白澳洲之說蓋一人之能力强則所營之事業即日廣彼所謂白種一人能營黃人十人之事實若之何其勢力之不膨脹也嗟乎以數字計之則吾中國人數等於全歐而成敗異數則非以其能力强弱之殊有以致之歟所謂强力的何也曰政略的膨脹是也一國之內其人民之原力未必能勝人然其政略主進取而武力又足懾人則雖不能言實力之膨脹而其政略所及亦足以爭雄於世界若俄人是也彼之膨脹未必如英美之悉由于實力然竟能虎視世界者則以政略之善足以補個人之不足而適于世界之大勢也因茲五義而膨脹之勢成亘十九世紀二十世紀之交其勢力遂一轉悉注入于太平洋而支那適當其衝矣

（未完）

學術

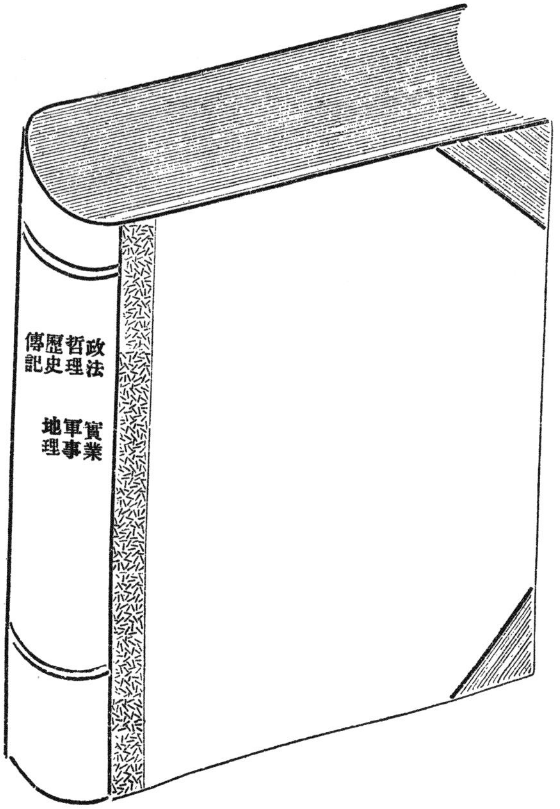

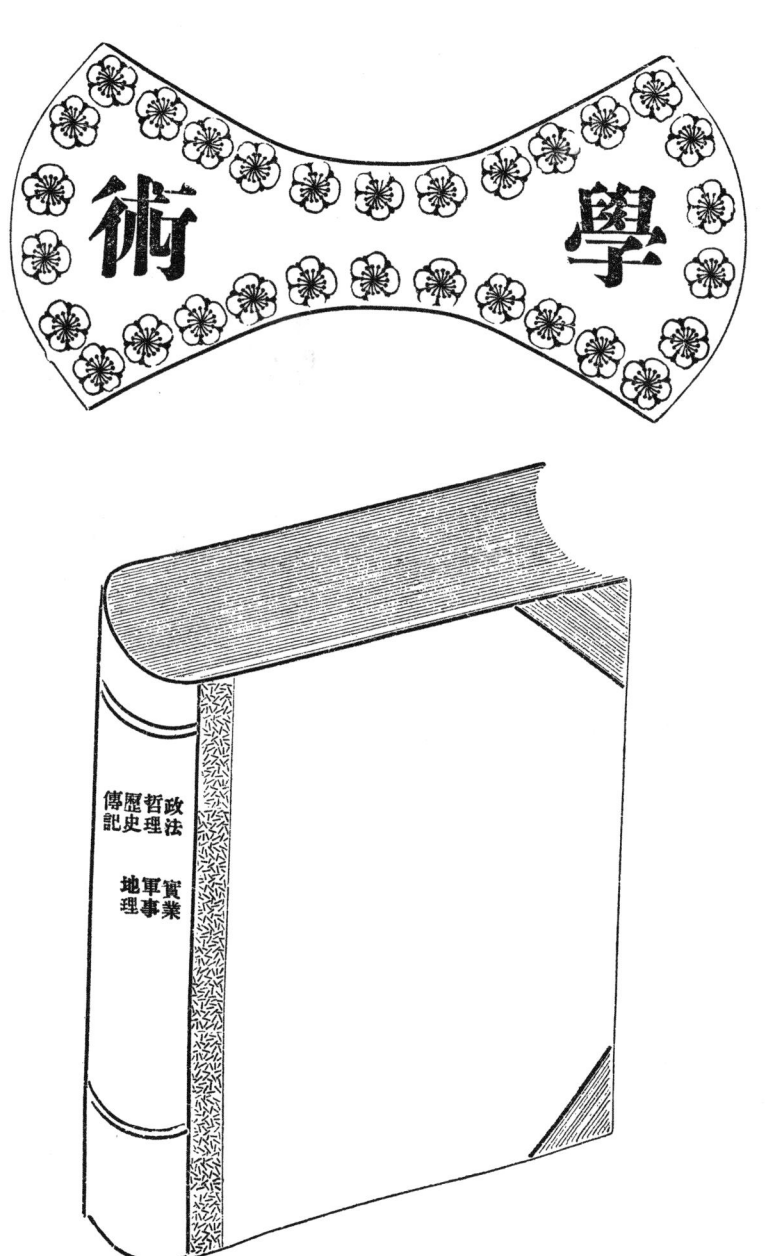

政法

俄人要求立憲之鐵血主義（續第四期）

獨頭

第六節　反動主義之勃興

烏乎。誰謂地球上最完全圓滿之專制國之君主如亞歷山第三者果心如鐵腸如石拳手如豺狼而敢與最堅忍之民黨一挑戰乎當亞歷山三世未遭凶變以前。以人民要求之宣戰書駸駸乎有滿山漫野之氣概。悚然知懼。乃於一千八百一年二月開元勳會議決議立憲問題大詔制定行將發布而帝已忽忽受民意黨之公刑而去。及新帝踐位。政府多數懔懔乎唯日不足知非急竪降旛必不能平國民之怒而前禰殉將復興乃忠告新帝求布遺勅帝然其說朝夕待發方是時俄民萬歲萬歲之聲皆隱藏於全國民之喉際而躍躍唯欲一試而不料有一焦脣敝舌舐排大政竟能以一杯水熄全車之火燄者則公爵惠拉第密Vladimir其人也公爵夙心醉獨裁政治聞朝廷將發布憲法百端阻撓帝爲之動軒然一大波瀾起凡大臣有心懷非專制主義而主張立憲政治者悉罷職而昔日之策畫遂成泡影

俄廷自經此一大挫折凡踞朝右執政柄者一仍其壓制傾陷之故技彼等以爲書報者產生新國民之母也民意黨之鼓吹物也故平日所最注意者唯在民間出版之書報夷之滅之不遺餘力焉又慮其不能勝也乃使內務大臣由內務省發刊書籍報紙盛吹其忠君親上柔順服從之說凡民間出版書籍若關於政治上一切事情不許登載違者殺無赦其窒塞民智保持君權自以爲操術之巧未有過於此者也

雖然民黨苟欲得志於社會而假一爲利用之物者則莫若反動力煌煌乎禁售書報之論言適以促書報廣行而助之勢而向日由內務省發刊諸書報又資以兩兩比較而民間社會之專信益力當時靑年志士日日從事於秘密出版而淜湃洶湧之風潮又怦怦其欲動

第七節　民意黨要求之繼起

一千八百八十二年三月十二日。皇帝下嚴令。凡學術會劇場圖書館活版所寫眞店之出入者須嚴行檢查時民意黨實行委員苦束縛之益密。懼勢力之渙散。乃設各種方法。以抵制政府。其方法有六。

一本黨之中央機關　吾人公然運動黨務。爲政府所不容。故不可不有秘密結社之手段以整理中央機關若交通機敏號令迅捷尤爲切要之事務

二特殊機關及地方機關　當注意之細目。五

(一)當散布本黨員於行政官廳及軍隊中

(二)本黨于農民間當占其實在勢力

(三)他團體有主張自由主義及立憲主義者當結親密之關係

(四)準備革命運動之用具

(五)各地黨員當設秘密通行機關

三都市之勞働者　當爲勞働者謀權利之擴張幷得極力聯絡爲本黨先後左

右之用

四軍隊　軍隊者政府之護身物也吾人當離間之又當以聯絡將校爲進取之要策

五介紹新智識　黨員當實地研究學問技藝以敎授青年學生

六凡黨員之遯居西歐者當竭力聯合使彼等或直接或間接助我等之運動

而其時有一極秘密極勇激之舉動而爲各種機關之主腦又爲要求政府之先鋒者則暗殺主義是也此主義既已實行若裁判官若偵探若憲兵隊長官相繼刺死又設地雷謀殺帝者二次雖以事洩被捕而帝因是異常恐怖潛伏密殿雖近臣亦不易見食息之頃如履春冰卒以疑懼之念浸淫腦中得神經病而逝。

第八節　俄廷行政上的改革

德相畢士麻克曰。天下無物可恃。可恃者。赤血耳。黑鐵耳。俄民既恃此二大主義與政府搏戰者數百年而勢益盛。燄益熾。一千八百九十四年。尼哥喇二世即位。帝鑑於前日之慘禍。生平不置警衛。輒語人曰。『朕爲俄國生當爲俄國死吾民豈遂以無故殺我我何畏哉』比即位大赦國事犯輕減地租雖國民時有反抗之舉動而帝則百計撫綏之曩歲大學學生刺殺文相一獄定讞僅禁錮二十年蓋帝爲太子時目睹政變知風潮之莫能禦專主張懷柔政策然以歷年讓步終徘徊於彌縫補苴之圈限以故未得民望於是以今歲三月三十一日(即亞歷山三世誕生之日)發布行政革新之詔舉其要旨并附以說焉

一許國民信教自由

二高正教徒之地位而改其制度且與以一定之俸給

按上二條宜參觀昔俄以希臘舊教爲國教國教之與帝政蓋有極切密之關係今乃曰信教自由則俄國國體勢必爲之動搖因是而有問題曰自今受教育於何宗乎拍魯奇哥海沿岸之新教徒例之昔日尚有懸隔耶向日被虐之猶太教徒若與以教式之自由果及於如何程度歟何以待羅馬舊教徒歟故自虛文上觀之俄皇對於國民而已自主義上許予以幸福若自實際上觀之則所呈狀態如何是亦未可知也況關於宗教社會而益高其地位益優其生計也乎

三改良地主與農民之信用制度

關於地主問題。自千八百六十二年農民解放以後。共出現於政治上及經濟上之大事件亦非止一次。蓋俄國地租制度爲村團的而非個人的因是有禁止遷徙之禁。故此詔含有兩種主義。一保存村團自治之制。二發揮個人之自由。雖然是亦難言。俄民之儉素而勤勉者常爲怠惰者負担租稅之責任。今日發達個人之自由。恐俄廷不能堪此

四實行地方自治制以發達人民自由之權利

夫發達縣會郡會而使地方之有力者得參與地方之行政。斯固爲建設國會之第一階級。然縣郡設會。方見明詔。而即置帝國議會。則亦非法之善。徵之憲政之歷史。必先完其地方之代議政體而後國會乃立。此固爲普通之順序。不然。所謂代議士者。必曰貴族。必曰大實業家。則俄國往日國會皆然矣。又奚容喋喋爲

第九節　結論

嗚呼。余嘗聞有所謂俄國主義者。其目的。其手段。皆含有專制之種子。即謂是爲俄

國立國之精神可也夫俄國國會之成立其自彼得一世以前亦已彪炳史乘然偏而不全駁雜而無序又所選代議士必出於貴族教徒不然亦必爲商業之有名者此何足稱哉俄民憤憤不能平起而合徒黨立秘密會社嘗以其父若母若妻女孫子之血以紅其民意黨之旗幟而與政府搏一戰不勝再戰之再戰不勝三戰之俄廷萬不得已乃有今歲三月三十一日之舉世或信之方竊竊焉爲俄國民前途賀也雖然日本中村氏之言曰『昔俄皇亞歷山二世已制定憲法草案未發身弑及亞歷山三世即位盡翻前政今次詔勅發見之期又爲亞歷山三世誕生之日其專制精神可窺而知也』然則是詔也謂爲形式上之文字亦無不可

雖然俄國政治上革命之期殆已愈逼愈近俄政府日思所以防止之乃移其對內之力而使趨於對外而東歐東亞兩問題竟自爲其主動力將以使國民之心腦精血專注于帝國主義之一點而對內之勢必殺此靖弭內亂之無上法也不知國民進步固無後先輕重之差對內不力則對外亦不專試觀俄自彼得一世以後屢開外釁而國中民黨之燄卒亦未嘗少挫而焉能移之而焉能熄之

學術

抑聞之全地球有專制國二一曰俄其一則吾中國是已以吾中國與俄較所謂宗教問題地主問題固未嘗如俄國今日之橫若以言民族則吾中國萬萬不能逮之今日言人種者誰不曰支拉夫人種者後來之驕兒也俄民既負此大好民族之名譽度其將來要必雄飛于世界而吾中國民族之問題猶沈霾于萬重泥犁之下而猥曰吾其要求立憲要求何具立憲何究竟試一念及吾心寒而魂驚安得不爲我中國國民同聲一哭也歟

（完）

滄波不可望　望極與天平
往往孤山映　處處春雲生
差池遠雁沒　颯沓羣鳧驚
囂塵及薄領　棄捨出重城
臨川徒可羨　結網須時營

實業

論銀行與錢莊之組織及其異同

無逸

五十年前無滙票百年前無滙劃莊金融之機關不知去今日幾倍而當時之實業未見大衰則實業之不振非由於金融機關之不備明矣不此之求而顧欲設立銀行以搜括個人之私囊使盡聚於市肆毋亦不知大體徒事補苴也乎試思百年以前工商之所恃以爲融通者若何百年以後錢莊之所助以周轉者若何舍名求實錢莊與銀行詎有差池有執是說以相難者幾無詞以應雖然東西之經濟家固無不以銀行爲實業之主腦也東西之實業家亦無不以銀行爲左右手也即我國之貿易中人亦無不以銀行爲必不可少之具聞之銀行之定義曰本一己之信用以收集游散資金而因而運用之藉助世間之金融以爲業迹其經營本不以一事一業爲限故無論錢莊之組織如何進步如何擴充而欲以精疲力竭之師出與兵精

糧足紀律嚴明者相鏖戰於洪濤巨浪之中固無事兩軍之見而勝負已可豫決不觀之鐵路耶礦山耶彼以銀行而事事握其幾先我以錢莊而隨在無可爲力此事之顯著者也又況鷹瞵虎視爭利益於東亞者曾未有極若徒任滙豐華俄正金麥加利德華寶興法蘭西有利諸行跳嚎於大陸之上則數年後我國商權當無復存區區錢莊欲作爲中流之砥柱吾未見其可也夫此豈故爲震驚特以外界刺激日累日深不爲之探其源而窮其委恐以銀行爲無異於錢莊者固未甚悉即以銀行爲必不可少者亦未深知其組織也此予所以不得不將銀行與錢莊之異同比而列之與

一　成立方法

甲　𢇁立　銀行之初𢇁也有發起人焉以資本重大非尋常之舖戶可比故當照公司例其爲合名公司（Ordinary Partnership）則發起人須二員以上其爲合資公司（股開者）（Corporate Co.）則發起人須四員以上其爲股份公司(Joint-stock Co.)則發起人須七員以上由發起人草定估量（估量以若干資本能營若干利益於地方有何關係）書(Prospectus)及

定欵草案（Provisional regulation）呈請地方官認可然後招股開辦盖較錢莊之二三股東互相協議後即能舉辦者其輕重有別因是之故人之信用銀行亦較錢莊爲甚此剏立之與錢莊異者其一

乙創立　銀行之設立也有定欵焉（Regulation）凡銀行之宗旨牌號資本總額各東分額或各股分額本行與分行之所在處所公司之結賬方法發起人之姓名住所存立年限解散事由股票募式以至發起人之應得利益等一切關於內部之事無不詳盡經股東剏立總會中決議後申請地方官認可另有所謂銀行內規者議載經理人以至各執事之職權及經理人與股東之關係固非如錢莊家之僅有股東議單一紙及經理人與股東之議單一紙已也其設立時之規條較錢莊中之規條詳略不同又如此此設立之與錢莊異者其二

丙經理　銀行既立每年當舉行股東大會一次載之定欵遇有特別事故當招集臨時大會每七日或十五日內總經理與經理人等當招集經理會凡貼現滙劃以及利息之厚薄等俱由會中協議其營業繁盛者又當時時集銀行總會以銀行中

之全體執事成之所以諮詢利弊徐圖改良也至此等會議外又有業務規則書凡交易方法業務順序咸詳載之固不似錢莊家之隨時更換祇憑經理者一人之腦力也其經理之不同又如此此經理之與錢莊異者其三

銀行與錢莊之成立方法已不同若此然或謂此皆由於法律之故各國商律昭著無可苟且以至有此種迂緩舉動我國則向無商律鋪戶之組織何若惟資本主與經理人是視而他無與焉彼發起人與定欵之認可內規與業務規則之設立以及種種會議無非互相箝制之舉未必大有關於金融說亦近似不知銀行必規則整齊事事着實方足使人信用有人信用然後有存儲之欵項有存儲之欵項然後有運用之資財否則藉資本以借貸則一放債生息者耳豈所以爲銀行不觀我國之錢莊乎其所恃以爲存欵者僅二三股東之家產官吏之游金舍此以外無復有絕不相識之人持金銀以求存者然則錢莊者不啻二三股東與數官吏之放債賬房也較之以流通金融爲宗旨之銀行相去何啻倍蓰

二　營業種類

甲存欵（Deposit） 存欵有五。一曰交易存欵（Current account） 其存入之時。須倩人擔保。並將支銀圖戳留式備查。由銀行將收入之欵。登入存欵通用賬薄內。另製小票（Cheque） 一冊。一併交付於存銀者。任其需用之時。將需用數目支取人之姓名等塡淸於小票上。隨時支取。或將小票付人。均無不可。盖即錢莊家之與各業交易也。其所塡注之小票。即各業中所製付之劃條。初無稍異。惟小票由銀行交給於存銀者。圖記式樣。則由存銀者先時留印。撿別較易。劃條則由存銀者自製。並圖記亦不存式樣於錢莊中。眞僞之分。殊覺不易耳。至支取無餘後再塡小票。銀行亦不照付。或支取未盡。隨時增存。均無不可。二曰特別存欵。自五元以上隨時得以存入。並得以隨時支出。與交易者同。惟不給小票。存入時由存銀者交付圖記式樣後。另給小簿（Pass book） 一冊。以使支取時塡記數目。加盖圖記。以作憑信之用。其利息較交易者爲優。盖最足以養勤儉風氣。勵儲蓄思想者。於國家之經濟所關甚鉅。而錢莊中無此也。三曰囑託存欵。存入時有一定之宗旨。如或備災患。或擬捌業等用。除宗旨中預約之事外。無論何如。不能支取。故其利息較特別存欵爲尤豐蓋有儲蓄銀行之意能於無形中誘掖奬勵爲地方上必不可少之擧而錢莊中無此也四曰知照存欵無論多寡可隨意存入亦可隨意支出第當支取之時必照約於若干日前先行知照以便行中預備於銀行之流轉甚便而錢莊中無是例也五曰定期存欵（Fixed deposit）存入之時約有一定期限非到期之日不能支取銀行於及期以前亦不能預行歸還故此種存欵並不給付前項賬簿小票等物而但與以期票一紙當爲錢莊中所時有者惟此種利息須於存入之時先行扣去則亦錢莊中所未曾聞者耳

按以上各欵錢莊之所同者祇交易存欵一種然錢莊中之交易貸多存少與銀行之存欵實亦不類若夫特別存欵以形迹求之類似者頗多而無如以五元起數以二千元爲限則錢莊中絕無其例此以知錢莊之集金方法去銀行遠甚因而知錢莊之信用亦去銀行遠甚也

乙貸欵（Loan）　一曰交易貸付蓋即交易存欵中之透支者在錢莊以此等進出爲營業中之大部分而銀行則不然二曰抵當貸付即錢莊中之押欵以公債票據

及貨物等爲質期滿價贖過期不償財變價作抵中外同也其不欲以田產作質亦同三曰信用貸付謂信其人而貸之或由人擔保或并無擔保者大致與錢莊之長期欵項相似四曰知照貸付稱貸時並不約定期限而惟視銀行之需用爲斷由銀行知照後應即尅日歸還盖信用之最厚者非錢莊所得期也

按貸付各欵錢莊與銀行相似至信用貸付與存欵透支兩項尤爲錢莊中最盛之業盖半由公債不興抵當之品無多半由年終結賬商業之習慣勝人外人謂我國長於經商其以此與惜乎不更謀發達也

丙貼現（Discount）　錢莊之貼現也祇本莊期票而銀行則不然本行期票固有貼現之舉其所恃爲營業中之大宗者大率皆三聯單之屬但令出聯單者聲望不惡加之以此單付人後由收此聯單者持向應付處照票無訛加盖圖記即可持向各銀行貼現而要以應付者之交易銀行爲尤夥至貼現之期則有長至三閱月者利於金融實屬不少嘗見有以百萬資本剏立銀行而於其估量書中則以五萬金建造房屋三十萬金備各種借貸二十五萬金備各種滙劃四十萬金備貼現之用

可知貼現爲銀行營業之重要部分較之沾沾於本票者不啻霄壤矣。

丁滙票(Exchange)　滙票分電滙信滙兩種買賣情形與錢莊同代解（日文送金英文Remittance)亦相若惟滙劃信(日文信用狀英文Letter of Credit)則有同有異其同者由甲滙乙有一定之處所者也其不同者無一定之處所凡銀行之分店交易店中持信往照後但令不踰信中所載之額均可隨時支取其法由銀行函至交通最便處所之分店外另將憑信一函。（外附各地分店及交易處所細目一紙但宜與憑信分處藏庋以免被竊）上載事故及金額等由本人自行署名盖戳沿路向各分行照信後另行塡給收條一紙。分行查其收條字迹與憑信中署名相符並所支之數目尚未逾額者即便照付且將所付之數塡注於憑信背面仍將此信還之支銀者以便他處更行支取至滿額之時爲止。此種憑信在各分行祗以信中署名與收條署名之筆迹爲據固便於沿途收貨及游歷各地之用而眞僞不易別白非信用甚厚者銀行中不輕於給付也。

歷數各欵大致雖同而錢莊以貸付爲大宗銀行以貼現爲主要錢莊之貸付以稱貸者之信用爲衡銀行則於稱貸者之信用外仍必衡以己之資本觀各銀行之內

規曰貸欵一家不得過資本十分之一押貸一欵不得過資本二十分之一其愼重之心固較錢莊爲甚云

三　執事權限

銀行中之有總理猶錢莊之有經手也顧一則事事不得違背定欵內規一則得以隨意變換其權限固自有別一切執事人等尤屬情形不同玆將銀行中所應有者分別陳之

甲存入課（Depossit teller）　主應接存主淸理存欵賬目之事至存欵通賬及存金期票仍須由總經理加蓋圖記後方足爲憑現欵進出存入時由存主將欵項塡明存欵箋中箋由銀行置備隨時塡寫與現金一併交出納課檢收出納課點檢無誤於存欵箋中加蓋圖記轉交存入課登賬支取時由存入課點檢無誤塡寫傳票交支取人自行持向出納課支取

乙貸付課（Loan teller）　主稱貸貼現之事凡貸付之可否抵當之確否貼現之應否俱由渠估量後面商於總經理而決之至現欵出付則由渠塡注傳票交稱貸

者或貼現人。持向出納課支取。償還贖取時。則俟出納課交到傳票後。塡注賬簿。與存入課同。

丙滙劃課(Exchange teller)　主持滙劃賬目至進出現欵則一如他課焉

丁出納課(Paying and reciving teller)　主理出納之事。無論何人。非持有各課傳票。及本行應付之票據者。不得擅自支付。蓋所支付之欵。皆以各票爲証據也。

戊計算課(Book keeper)　主整理各種票據及登記總清之事。所有賬目俱憑各課加蓋圖記後之傳票核計。

以上各課。係照極普通之銀行而論。至交易繁多者。或分或合。或各課置課長一人。分課若干人。均無常格。惟銀行中之重要票據。無論貸押、存借、滙劃、付現。均當由總經理蓋戳。不得以口說爲憑。每日自午前九下鐘開市。午後四下鐘閉市。閉市後各課所收付之票據。合出納課之現金。與計算課之賬目相核計。必絲毫無誤。方能散職。否則各就所得之傳票相稽察。以得其錯誤之源而止。界限分明。一如吾鄉之典舖。然其見信於各業。固有由也。

（完）

哲理

希臘古代哲學史概論（續第四期）

公猛

第一章　希臘上古之哲學

哲學之起源　哲學之起源亦與諸科學等而非突如其來者必有所從來之原因漸次進化遂成哲學之統系者也然而欲求起源之故而下一正當無誤之斷語要亦甚難姑且思之其殆起於人生所必須與夫人性所固有之好奇心可無疑也攷動物之鼻祖則知爲亞擺瀰學術之起源則又有其濫觴之地濫觴何在則神話是也夫神話者帶有諸學之性質其屬辭比事焉似歷史其假物垂訓焉似宗教其即物窮理焉似科學其牛鬼蛇神怪誕不經焉又似小說神話者固兼具歷史宗教科學小說之四原素者也彼哲學之起源要亦胚胎於是況乎神話之傳說雖有種種如神與物交鬩男與女相構物與物同化而要以天地開闢爲其間一大問題夫

此問題之目的在講明物界之權輿以何因緣而產出而希臘始期之哲學亦以講明物界之現象孰主張是孰憑藉是爲其學之目的則雖謂哲學由繼續天地開闢之問題而起亦無不可也

然則哲學之起源不可由是而明晣乎。然而古代人民見象而拜以雷爲神種種荒唐不可思議而欲使之脫神話思想之範圍一躍而入於哲學之域其原因又別有在一由於競爭一由於交通當西歷紀元前六世紀之頃希臘廢君主貴族而立共和政體其時黨派紛紜達於極點敏腕之擅政家各拔其市府之秀者使立己麾下以互相角逐而智識於以進步又時適覆伊尼安人海上之勢力頓殺希臘伊阿尼安族起而代之極地中海之霸權通航四國曠觀八表滿載他國之智識而歸以此二因其結果焉遂以舊日之感想之信仰爲不足憑不可信而必來一可憑可信者以當之而於是據經驗與觀察以判斷事理之傾向生而於是神話之科學遂一變而爲哲學之統系也講希臘哲學者通常皆以德黎氏爲嚆矢吾亦以氏爲斷而依次陳之如左。

第一時期　此時期中以德黎爲始至詭辯學派其研究之目的在講求宇宙萬有之本源

第一　伊阿尼亞學派

此派一名密理圖學派又稱物理學派其曰伊阿尼亞學派者以於伊阿尼亞築一精舍以講哲學遂得此名此派之目的在探求萬有之原素見其變化無端之所在以說明此萬象所由來其研究之道則用經驗歸納兩方法以講明之此派始祖爲德黎氏繼起者爲亞諾芝曼德氏亞諾芝縣尼氏

德黎　Thales　(640 B.C—546B.C)

德黎者小亞細亞西岸伊阿尼安種族密理圖都府之市民也其生卒年日不可攷或曰西歷紀元前六百四十年者近是生有異禀爲希臘七賢中之魁嘗漫遊埃及腓尼西亞諸文明國修數學理學天文學等而於哲學尤別有所見以爲千古不祧之祖

氏以爲宇宙萬物其現象雖千差萬別其寔不過一物質而已此物何物即『水』是

也隨因緣而萬變其狀態以構成宇宙此所謂水其意蓋指液體而非謂水然氏之著述無有傳者何故以水爲萬有之元質其意要不可知亞里士多德解之以爲水者生物之源天地自然之美非水不著禽獸艸木之生非水不能以此之故故以水爲大源近世哲學者解之以爲水者可爲氣體可爲固體無一定之形以水爲元質意在此乎以余觀之二說皆近是德氏或有見於此而取水亦不可知然循何順序緣何方法而能現萬殊之形體爲萬象之本源恐起德氏而問之亦將無詞以對也惟在當時超出神話之範圍以物理之眼光觀察宇宙知天地間雖至繁極賾而有永遠不變之原理統一於其間不可謂非千古之卓識也

氏既以有形之物體爲萬物之本源然天地間有無形之生機也徧亘庶物變化無極無臭無聲中含妙用欲以水當之此固不能於是又立無形之原理以謂如動物之活動力感覺力艸木之生長力空氣之壓力磁石之引力等彌綸於有機無機之二體者其本體即神也是說焉與今日之心物二元論異可名爲物力二元論然氏既以有形之物質定爲萬物之本源又指物之本體爲神此其所以失也於是亞

諸芝曼德起而補其缺點。

亞諸芝曼德 Anaximander (611 B.C—546B.C)

氏亦密理圖人而德黎之門人也通數學天文學地理學等相傳爲製地圖之始祖又爲日晷儀之發明者氏之學說較之德黎氏則進一層

氏疑德氏之說以爲有定形有常性之物不可爲化生萬有之本化生萬有之本厥惟『亞擺羅』譯言『無極』其爲物也無狀無形無體無性無時不存無處不在既無始終亦無涯涘萬物皆出於此皆入於此其開發之序則以一元氣動而生乾溼二氣二氣分歧遂生火土風水而萬有接踵而起矣

氏之天地人三體構造說以爲由溼生火而分飛八表於是蒼蒼之天體緣是而成既生火矣向之溼者爲火薰炙而蒸發遂分水陸而吾人所住之大地以成人類之初以泥水爲家鄉以魚鱗爲衣服奇形怪狀與今大異待至由水上陸長養子孫窮年積歲遂成今日之人形以上諸說皆同臆造自今現之甚爲可笑而不知由此可笑之學說漸次進化遂成今日之進化說後之學者不可不察也

氏以德氏之二元論歸於無限之一元進有形之元質於無形之原理比之德氏固稍勝矣然無形無限之厚理決不能生有形有限之元質也於是亞諾芝縣尼起而矯正之

亞諾芝縣尼 Anaximenes (588 B.C—524B.C)

氏者亞諾芝曼德之門人而同爲密理圖之人也矯前說之弊代之以『空氣』蓋以空氣瀰漫宇宙人禽之生命無不賴以維持因生此想像未可知也而空氣者有厚薄其薄者熱而厚者寒薄者變而爲火厚者凝而成雲成水成土遂生萬有其說比之前者則進一層比之今日之物理說則支吾不少繼氏而起者爲某氏(忘其名)探空氣而達於極端以爲艸木之生活人生之精神皆爲空氣熱度者比周圍之空氣位於稍高度者也陷於唯物說即歸消滅

伊阿尼亞學派其中雖有諸說然皆注重於有形之一邊即如前亞諾之『無極』亦同爲有物質者而不得謂非有形之說明者也於是一學派起而爲無形上之說明即畢達哥拉斯派是

(未完)

海軍教育系統談（續第四期）

瀧川學人

海軍大學校乙科之程度及教科

乙種將校科以養成專通一科之將校爲目的故其敎科程度以專科將校所當講習之範圍爲主但砲術及水雷術二種海軍大學校所講習之範圍只及學理上之研究而止若關于實地應用之研究及諸練習則于砲術練習所或水雷術練習所敎授之。

乙種將校科之敎育。其程度在海軍兵學校之上。故彼此當互相聯絡。

乙種將校科之專科。又分三科。一航海科。二砲術科。三水雷科。

航海科　以關于航海之學爲主若砲術水雷術造船學築城學機關學。及其他航海術補助上必要之事項。亦同時敎授之。

砲術科　以關于砲術之學科爲主若築城學造船學水雷術航海術機關術。及其他砲術補助上必要之事項。亦同時教授之。

水雷科　以關于水雷之學術爲主若造船學築城學機關學砲術。及其他水雷術補助諸科。亦同時教授之。

以上之外。數學理學力學及應用力學。擇宜教之。化學則于海軍將校所當講習之範圍內教授之。

海軍大學校機關科之學科程度

機關科實以養成高等機關官爲目的使練習機關上高等之智識以膺將來重要之職務故教授要目以蒸汽機關實地機關學機關計畫蒸汽機關之理論材料及構造强弱水力學及水力機機械運動動力學等爲重要科目同時又教授數學理學力學化學等相關連之學科。

機關科教育程度。適在海軍機關學校教科之上。彼此當互相聯絡。

海軍大學校設立選科使上級將校及機關官。可隨其志願選擇海軍上至要之科目、二種以研究之。海軍大學校又設隨意科教授各種學生海軍刑法海軍治罪法寫眞術及外國語學。

海軍兵學校之程度及教授要旨

精神涵養爲軍人教育中第一要事況在造就異日可爲將校之兵學校乎夫將校第一美質其在處事貴有純潔快活之風而又熱心應事抱堅實充美之精神又有深遠研究之智慮故負教育之任者當注意于此以率先誘導之以期貫徹其目的初級將校有直接統御部下下士卒之責任故爲生徒之日左之諸項宜隨時訓戒之。

一　將校平日第一之任務在誘掖部下教以優等之技術故雖發號施令亦不失教育誘導之本意。

二　統御部下不可不以實踐誘導之以躬行感行之故將校當第一留意之事在謹愼其躬行高潔其品性

三　統御部下不可拘泥情實而失之寬恕常守嚴正之制裁行確實之獎勵以保持其純潔之志氣

四　將校須具有判別部下優劣之識然徒恃感情以判決優劣不獨有失當之慮且易釀成大害故于部下之性行技倆必徵之實跡然後判决優劣

兵學校擇可爲海軍將校之人教以初等軍事教育其精神教育上既略言之而教授之學科則又大別如左

一普通學科　外國語學　數學　理學　力學　化學　法律

異日爲將校有必須研究之學術則非藉普通學不可且能純潔嗜好高尙品性其中如數學及外國語學皆爲職務上及兵學研究上極要之事故特重視之又數學力學理學化學之程度須與海軍大學校普通科相聯絡

二兵學科　航海術　運用術　砲術　水雷術　造船學及機關學之大意

兵學科之目的在教以航海術運用術砲術及水雷術中一般之智識兼及造船學及機關學之大意而其教科之程度須與海軍大學校砲術練習所及水雷術練習

所相聯絡。

三別科　兵學校校長可于普通科兵學科之外設別科教授他種科目于體育科則講求鼓勵尚武之方法以養成軍人尚武之嗜好漢學非僅少之日月所能造就故不加入然于精神涵養裨益不少且命令報告及其他將校職務上或文書往來漢學之用至大校長當留意于此使生徒獨修不怠」

海軍砲術練習所及水雷術練習所之程度及教科

砲術練習所及水雷術練習所之目的在使學者精通砲術及水雷術其主要科目亦不外此然因學生階級之高下卒業後所用不同而程度方針又不可不異于準士官以下其目的在使海軍所用之兵器能供實用收最良之結果決非徒恃博聞洽識以爲長故當遵左之方法以施行適當之教育

一海軍大學校乙種學生之卒業者　砲術練習所其目的則養成砲術長或職務上須有砲術特技之人其教程則如左

砲術　砲科戰術　小部隊之陸軍戰術及關于服務事項

水雷術練習所其目的則養成水雷長水雷艇長水雷團員或職務上須有水雷特技者其教程則如左。

水雷術　水雷戰術及關于服務事項。

二機關官　教以關于水雷職務上應要之事項。

三第一類以外之將校　其目的在研究砲術水雷術之專門學。故其教育之方針。與海軍大學校選科學生同。

四準士官　其目的在修得砲術或水雷術之實用以上達其技倆。故當隨時設適當之教科。

五充當砲術或水雷術教員之下士卒　選拔優等下士卒。使之入學。此種下士卒于基本教育上負有重大之責任故必選拔適當之人。使之入學而其教科之程度亦比他種下士卒稍高故當鑑于海軍教育之進步而設適當之教科。

六可為水雷工之下士卒　以養成管理及修理水雷并電氣諸機具之兵員為目的。故其教育程度最重實用傍及他種學科。

七第五類以外之下士卒　以養成掌砲兵及掌水雷兵之兵員爲主其教育性質非研究砲術及水雷術之科學者可比故當于實用範圍以內而定教程又于前項之外凡掌水雷兵或掌砲兵于其修得之學業使之復習研究且冀其技倆之上達可設適當教科

海軍機關學校

精神涵養及教育方針與下士卒之統御與海軍兵學校無異唯機關官之職務其性質上須有綿密之注意校長于前項之外以培養此種性行爲急務又本校之教育科學及工業上之教科爲多生徒之性情往々偏畸故負教育之責者不可不知也

機關學校乃造就海軍機關官之地故高尚深遠之學理無甯避之而教授之目的在開發自修之途教以諸學之階梯而已其學科則如左

普通學科　外國語學　數學　力學　應用力學　化學及製造冶金學大意

而普通學之程度須與海軍大學校機關科相聯絡

學術

機關科　機關科之教育其主眼在使生徒可爲初級機關官具有機關學上一般之智識所施之教育以適切于實用爲主其程度須與海軍大學校機關科相聯絡。

校長于普通科機關科以外可設立別科且誘導生徒有尙武之嗜好漢學則與海軍兵學校同不加入教科然執務上及精神涵養上漢學之裨益者多。故校長當注意使生徒獨修之

海軍機關術練習所

機關術練習所之目的在養成優等之專門準士官凡學術之不適于海軍實用者。避之其教科遵上之目的及左之類別而定

一練修機關術之下士卒　教科以機關術及工業爲主所定教育程度在養成海軍機關兵曹使適其職

二練修船匠術之下士卒　教科以工業爲主及船體構造之大略又其他必須之學科所定程度在養成海軍船匠手使適于職掌

三練修鍛冶工之下士卒　教科以工業爲主及其他必須科目所定程度在養成船艦鍛冶手使適于職掌

四掌機工之下士卒　教科以工業爲最重及必須之學科其目的在應急或小修理之掌機工必使素養充足毫無遺恨敎育程度亦因此而定

五掌罐工之下士卒　教科以工業爲重傍及他種學科其目的在養成應急或小修理之掌機工必使素養充足毫無遺恨敎育程度亦因此而定

六爲船匠工之下士卒　教科以工業爲重傍及他種學術其目的在養成小修理之船匠工必使素養充足毫無遺恨敎育程度亦因此而定

七爲兵器工之下士卒　教科以工業爲重傍及他種學術其目的在養成應急或小修理之兵器工必使素養充足毫無遺恨敎育程度亦因此而定

八爲機關術敎員之下士卒　選拔優等下士卒使之入學此種下士卒于基本敎育上負有重大之責任故必選拔適當之人使之入學其敎授程度亦較他種士卒高尙當留意于此鑑于海軍敎育之進步而定適當之程度凡上等機關官兵曹

船匠師及機關教員卒業者于已習之學業使之復習研究以冀技倆之上達而于左記之外可設適當之學科

右日本海軍敎育大略如是讀者以是爲煩言乎則自今請勿言如其不然則一國未有海權不伸而能保其國防者也今我國士夫於陸軍主義不可謂不發達然補佐陸軍而使國本益以鞏固者海軍也吾國人留學日本者惟海軍學校尚未得日人許可入學故此科于吾國各種學問程度上尚在至黑暗之處茲特其嚆矢焉耳雖然至重也至要也吾國人有熱心是者不得入于日本則遠求之于歐美憑藉我力誓發大願諸君諸君幸勿日日聞各國海軍擴張而嗤以爲無與中國事也

（完結）

歷史

印度滅亡之原因（續第一期）

葉公

第五節　歐人經略印度之始在於商戰

印度當十六世紀之交莫臥兒朝衰弱之程度已達極點諸子爭位藩侯分裂於是回蒙兩種人迭相爲主其所以顚覆王家自謀獨立者非果有民族之見存也又非由於政治上之反動力也憑藉亂機竊王號據土地以自雄長方揚揚自得而不知彼歐人者已如黴菌然潛入肺腑吮舐膏血一旦暴發其症已不可救世徒驚歐人之戰勝攻取詡爲天助惡知夫彼于未兵之先所經營而布置者已別有在夫强權何物乎財權即强權也歐人經營政策之發達固由於民族膨脹之力而亦全賴印度支那之空地爲其試練場焉方印度航路之初現實自葡萄牙人華斯哥德噶馬始彼初從喜望峰沿亞非利加達馬拉巴爾海岸上陸賚印度土物而歸旋於千五

百二年。噶馬更以大艦二十航印度。直入甲爾加達灣。與印人戰勝之。遂以亞爾明達爲葡領印度太守。使管領東印度海。亞氏在職五年。築城堡。定物價。開互市塲。杜絕回教國商賈。繼其後者爲亞爾伯傑克氏。又攻略麻剌加臥亞交趾等地。得盡占印度貿易權。未幾。荷蘭應之。侵入東印度。立甫爾雷商會。又遣好多曼航歷東印度洋。大發揮蘭人貿易進取之氣質。惟以各立分社。人自爲戰。雖氣勢勃勃然。以言握樞權占大利則未也。千六百二年。蘭政府聯合各洲之商館。爲東印度總商會。氣力爲之一振。於是漸驅葡人。使馬忒利甫來東印度。設蘭領殖民地。以千六百六年圍麻剌加。葡以艦援之。不勝。於是蘭葡以印度爲戰塲者有年。後於千八百八年至同十年。如孟加拉海岸之申爾加達信地亞之拉及古羅茫特爾海岸之黑爾夫爾。皆爲其貿易塲。同十年。荷蘭東印度商社。自小船外。有大艦二十八艘。大習海軍。人人皆跳蕩欲戰。乃於同三十二年至四十三年。略取葡領之麻剌加及錫蘭數城。於是葡地盡爲蘭有。蘭以馬忒賚忌爾爲蘭領印度太守。當是時能與蘭人角逐于商界者英人也。方千百九十一年。英人雷孟特至東印度。與印人訂各地通商互市之約同九十九年。英商以商社同一之方法。募資本金三萬磅。設立商社。名東印度會社。印度一片乾淨土。葡蘭角於前。英蘭逐於後。蓋歲無寧日焉。初葡人之在印者。謀阻英人之商務。英人怒。以泊司士爲總督。率商艦戰於印度之修朗次忒港。勝之。自是東印度會社之勢力。上壓莫臥兒帝朝。一般之臣民。乃更立一製造場。至千七百八十年之終。又與荷蘭戰。前後不距數十日。奪其艦二百以歸。復征略東印度蘭領之要地。是時英人代荷蘭而興。較其權力。已有幷吞全印之勢。盡變其在印各處所建壘舍之體制。上自監者。下逮僕隸。皆以軍法部勒。隱隱一大成壘于臥榻之側。而印度諸侯。猶未悟也。偸安逸居。猜忌相攻。或揣摩媚外。種種之方術。以博英人歡。加以葡蘭英法。日事商戰。印度帝侯。已成空王。語曰。室已焚而徙薪。疾已成而求艾。雖殫力爲之。弗及也。故以東印度會社成立之日。爲印度亡國之第一紀念

第六節　猶布烈之計畫

乘莫臥帝國之空虛。而首先觀破此機關。決欲移植歐人之勢力于印度者。法國猶布烈。其人也。先是英國商社。徒謀貿易之務。未遑幷吞之策。猶布烈至。則放膽爲一

豫言曰。『印度諸侯雖據多兵實不當歐兵之少數苟招募土人以歐兵法敎練之以歐將士指揮之則可成壯勇之軍隊』又曰『歐人欲收印度之全權必先籠絡其有尊號而爲印人所尊敬者如乃撒姆訥薄普等引爲我助實爲經略印度之第一妙計』嗚呼是術也歐人行之于吾支那者有年矣吾支那人以爲不足憂則試觀猶布烈則試觀印度猶布烈計已定乃觀釁而動適印度聯邦諸侯皆謀獨立歐人乘間干預其內治。或以歐洲新制。或以封建舊例。政出多門。國內日亂。千七百四十八年。印度德干太守亞爾摩利薨。其子奈爵襄額襲位。德干版圖中有哥納給克一地饒土也。亞爾摩利孫痲撒法襄額謀奪之。且思篡其君統。同時有故納薄普之義子曰姜賽普者。欲篡亞納巴爾湯之位。於是共起兵。且求援於猶布烈。猶布烈則大喜盖以我苟定哥納給克地立德干太守位則二人者必助我我以時經略南印度何欲不遂。乃遣兵四百。輔以所募之土人二千。屢戰皆捷。亞納巴爾湯敗死。其長子痲罕穆德阿厘（時爲亞爾克忒之納薄普）斂殘卒。走忒利幾奴普里。于是痲撒法襄額遂占領哥納給克全部。尋奈爵襄額爲臣下所殺。痲撒法襄額代爲德干太守。至是猶布烈政略軍謀皆大驗麻撒法襄額遂行即位禮猶布烈服回教國最上等紳士服與乃撒姆同車招搖過市羣以爲元勳尋拜爲印度知事自克利斯忒奈河至古莫令岬咸被占領權力迥出襄額賽普上猶布烈又以時握鑄造貨幣之專權凡德干太守累世所辛苦積蓄之金產盡入猶布烈掌握馬則虞之厩璧則虞之外府猶布烈所爲實與晉人滅虞將毋同同時又以民三千萬歸其管轄任何爵位非由猶布烈推擧則印政府不敢給與之任何章奏非經其簽押則不能上達于國王未幾麻撒法襄額死其家族又以猶布烈力得承襲所有權猶布烈以數年經營之全力至是遂躋登于全印度帝國第一有力之君位皇皇法人猶布烈名直驚于莫卧兒帝國之宮中然固破胆失魄奔走慴伏不敢動

第七節　英法之交爭

方猶布烈隻手播弄印度時英人尚蜷伏于麻罕穆德阿厘朝瞠瞠乎正在人後麻罕穆德阿厘雖爲哥納給克之納薄普而其領土則僅有忒利幾奴普里一小地猶布烈猶攻之忽焉一勇將出現于英軍則路德克雷武氏也自路德克雷武出現猶

布烈乃大挫。且盡代法人勢力而有之。克雷武初爲東印度會社書記。見英威之日替也。乃以書告政府曰。『今若不決一處置之法。則忒利幾奴普里且入敵手。亞納巴爾湯之王家將亡。印度半島恐非我有。故今當以一大血戰爲第一要着。宜襲擊甲爾加達。蓋以此爲哥納給克首都。世世納薄普所居也。得之。則忒利幾奴普里之圍當自潰解』英人大賛成之。盡委其事于克雷武。勒卒得五百人。一日暴風雨。克雷武突進甲爾加達城。守兵大潰。乃貯糧食。築壁堡。爲持久之計。時襄額賽普方與法軍共圍忒利幾奴普里。聞訊大驚。以兵四千往援。比達。猶布烈亦以自彭其楷里遣來之法兵百五十人至。遂以襄額賽普之長子拉甲賽普爲統師。合圍甲爾加達。攻甚急。克雷武不少挫。已而麻剌加酋長馬拉利路以兵六千人來援拉甲賽普。見援軍之動也。密以巨利啗克雷武。使速媾和。克雷武不允。又辱之。拉甲賽普大怒。將以麻罕穆德長子呵賽因忌日來攻。克雷武偵知之。既接。克雷武擊卻之。是役也。捷報至。生特局忌同地人民皆大喜。即遣英兵二百。土兵七百來。克雷武既得此軍。乃益奮擊。幾密里寨陷之。又追擊拉甲賽普。大勝之。降土兵六百人。既拉甲賽普又以軍並法兵四百人。叩生特局忌之寨。盡毀英諸紳之別墅園囿。尋又爲克雷武所敗。喪法軍百餘人。克雷武遂乘勝直赴生特局忌所向皆捷。敵兵泰半乞降。方戰之酣。猶布烈益憤發不少挫法政府則背之大排猶布烈之所爲困其財絕其軍猶布烈乃自以賂誘土人盟至盡傾其私產不足則貸巨債以益之將以煽動民心使背馬德拉斯政府。鬱鬱未遂。竟以千七百五十四年自法政府召還或曰是英人所爲也。其後法政府以拉爾列代猶布烈爲法領東印度總督。不數年。法人東印度所領盡入英人之橐中矣。猶布烈以靈敏機詐之政略導英人而先之而英人乃收其成功。誠哉盎格魯索遊人種之力非拉丁人種所及無知印人又復何論徒日以印土爲外人之戰塲以印人爲外人之虎倀而不之悔忘國之禍如是如是

（未完）

學術

靈鷲高峰照暮霞
淒迷塔樹萬人家
恒河落日滔滔盡
祇樹雷音付落花

地人學（續第四期）

壯夫

第一章　性質之研究……國民地理智識之必要

夫學科亦夥矣、充塞于廣宇悠宙之間。無往而非學問、顧何以必自地理教育始者、則以地理者啟蒙之第一良法也、教育需材料、而材料繫于茲、教育需實驗、而實驗賴于茲、小學校之教科、若歷史、若物理、苟根于地理而演講之、學徒未有不豁然貫通、愈覺有味者也、

今試導學徒一遊西湖、鳳凰（山名）已去、宋宮何在、蘇白（堤名）既逝、岳墓猶存、不特歷史上之事實、歷歷眼前、而種族之觀念、且將油然勃起于不知不覺之中、若觀夫所謂『三潭印月』、『雙峰插雲』、使之了然于物理上之常識、而反知印插二字之爲無當也、馴至一草、一花、一水、一石、無一不可以化學博物之理、分剖而指畫之、是

故地球一大學校也、兒時釣游之地、則又至近至便之實驗室也、雖然此猶普通之言耳、實則養成一國之民、非如呂新吾所謂『泰山喬嶽之身天空海闊之腹和風甘雨之色日照月臨之目旋乾轉坤之手槃石砥柱之足臨深履薄之心玉潔冰淸之骨』斷斷乎其不可也、諸君諸君亦知今世界各挾其民族之特色、逐鹿于大地上者之英俄德美乎及推其所以致之之由不過地理智識有以養之而已、英之兒童、其氣魄、其精神、吾已言之于前、以言乎俄則前途泱泱、隱然有鯨呑歐亞之勢、彼得之遺訓、即謂其國民之代表焉可也、以言乎德則乘民族主義之風潮、龍門一躍、稱覇西方、今皇威廉且以輔朕爲世界主翁之語以勵小學之學徒矣、以言乎美則小學之學徒、更有令人驚倒者、其唱歌其游戲、皆有破浪乘風凌駕萬里之概、此孟魯主義所以一出口而爲帝國主義而二十紀之政治界經濟界、皆足稱南面王也歟、

吾今更合前後而切言之曰世界地理其要矣哉！世界地理其要矣哉‼大地茫茫待吾操縱、豈可囿于本國、爲井底蛙乎、萬事必有比較而後有觀念、否則徒斷斷

夫本國之何處有山何處有水是所謂排門板之敎育聞者昏昏欲睡末由知天地間學問之樂則國家之思想更無論矣故敎授本國地理本所以啟其愛國思想然必高出局外熟觀夫世界大勢之所趨而後有以曉然于國家民族之關係宜何如而獲占一席于大地于是愛國愛種之念愈根深蒂固而無可撼也噫、世界地理其要矣哉！世界地理其要矣哉!! 是在以本國爲標準爲朝宗焉已耳

第二章　地理與歷史

地理與歷史猶舞台與劇曲不可以須臾離不學地理而學歷史是無盤之奕也盲人之究天文也其可乎其不可乎

且歷史之精神在民族故民族與地理又有極大之關係山國民族歟平原國民族歟海國民族歟觀其風俗察其性質皆有特別之感化雖以今日人爲之力猶未能抉其藩籬此天定力之强大實有不能誣者在焉嗟嗟人動物也地球非動物也而其關係之緻密一至于斯東人有言曰『一國之歷史乃其地其民之相互的動作 Interaction 之結果也』誠然誠然吾今請先述山國平原國海國民族之歷史。

學術

山國

一山與自由　國之分界不依水而依山者自由愛國者之城壁也野望的侵略家之妨害物也來因滔滔不能奠法德之疆于久遠而派來尼斯 Pyrenels 山脉獨能鎭法西之爭北海雖洶湧澎湃顧英倫三島不能免大尼人種之來侵而如蟻垤之切維脫山 Cheviot 獨能保蘇格蘭千年之獨立

埋于愛耳披斯 Alps 峰巒重疊之中爲歐洲自由之本源者非瑞西乎自千三百八年三小州同盟以來隣邦多事亘六百年而專制之毒終不能乘隙以入即以拿破崙之饞狠手段蹂躪全境然不四年而自由復出現于故國美哉美哉山巍巍兮高峙水涓涓而環流瑞西眞仙境哉

其他若鐵羅兒 Tyrol（在瑞西之東）之民舍舞衣 Savoy 之教徒皆賴山國以久存其自由者也

一山與宗敎　山之上空氣淸明四隣靜淑俗界遠而天上近眞宗敎思想之絕好產地也故矛撒山 Musa 之巓煌煌十誡天授生人喜馬拉山南面之靈鷲山佛敎

開三千年之基而爲東洋宗教之遠源

一山與英雄　嘗讀世界史知天眞爛熳之偉人多于山而尠于平原諺曰英雄出所山水好有是哉今夫蘇格蘭岩石崎嶇之地也而世界人物輝映于靑史者踵相接又北美之紐哈披蟹 New Hampshire 合衆國中最小州之一也山占地之什八砂石狠籍不便耕耘歲出物產稱爲下下而獨以人材一物冠絕羣州剛勇着實之丹宜兒 Daniel 慧勃斯儉 Webster 苛來斯 Horoce 革利來 Greely 實足稱代表的美國人而無愧色者也

吾聞之西班牙北方之諸州派來尼斯山脉蜿蜒盤旋于其間其國人常自誇曰此吾國人物之誕生地也吾又聞德國之南有苛治山山石磊磊陰森幽鬱德人亦自誇曰是乃吾國剛骨男子之產所也

上之所述支離破碎不足觀吾不多言已吾今乃就山脉之爲境界線者而略論之」山脉之爲境界綫者有二種一走東西一走南北前者于統一民族有極大之妨害後者于聯合國民有非常之勢力謂予不信請略擧數端爲國民告（本節未完）

傳記

中國愛國者鄭成功傳（續第三期）

匪石

第三節　鄭芝龍十九年間降叛之概略

欲述鄭成功之生平。不得不先述其父鄭芝龍之歷史。

吾大不解吾中國元祖黃帝之何子何孫。以何年何月何日乃怪產一鄭芝龍。先儒有說。國家將亡。必有妖孽。此言若可信。若不可信。但亦偶偶有一二故實。鼓激于吾人之耳膜。迷離恍惚。賊人聽聞。余嘗聞故老言。明萬歷甲辰三月。怪石出浮於廈門。其石有文。文曰。

草雞雞鳴長耳大尾銜鼠千頭拍水而起殺人如麻血成海水揚眉于東傾陷馬耳生女滅雞十倍相倚志在四方一人也爾庚小熙皡太平伊始

噫嘻。鄭芝龍何配擔當此大祥。雖然。鄭芝龍者。屠殺國族之劊子手也。降叛旗下之好人物也肇自始生之年下逮身死之歲芝龍無一時無一事不與朱明爲死敵黃帝在天有靈其淚滴滴化而爲石芝龍年十八不安于福建泉州之血地遁入廣東香山依于母舅氏黃程程業商芝龍乃業商時中國海商經行地率不越日本緬甸暹羅諸國芝龍居三年以商來游日本從舅氏志也

日本國于吾東海之東其文字同其風俗同吾中國海上豪傑不得志於政府者大率流寓於是所至散財立俠號召徒黨而閩人顏思齊實爲之魁芝龍既至投入之既日本幕府疑思齊將不利於其國下令逐客思齊曰其曷返吾祖國乎或曰往舟山或曰閩比決議某某言臺灣新土利于生聚遂以明天啓四年八月十四日以十三艘向臺灣進征逐土番而居之明年思齊死以卜推芝龍爲渠帥自是南犯閩粵東掠江浙沿海諸州縣吾國民大騷擾嘗以芝龍爲吾國民身家仇

雖然彼鄭芝龍何人斯屠殺國族之劊子手也降叛旗下之好人物也其腦筋其眼簾非燦燦之黃金即峩峩之紗帽夢中時作大官狀覺而知爲夢也曰吾安能鬱鬱久居此哉適盧毓英討芝龍爲所俘虜芝龍以爵要之毓英歸述于都督俞咨皋咨

臯素持討伐主義。不應之。芝龍又勝之於廈門。已而熊文燦撫閩中。芝龍率所部來歸。彼一時乎此一時乎。芝龍裂海盜冠。毀海盜服。面目都改。心腸皆非。居於「海盜讎海盜」之忍鄉有年。殺衷紀。平黃香。敗鍾斌。滅李魁奇。而自以副總兵擁妻子。廣積聚于八閩之泉州。

大風忽來。落日無色。閩海波濤洶洶。已逐唐王聿鍵。黃道周。張肯堂等。孤舟而至。芝龍以定策功。封爲平虜侯。然驕恣益甚。在朝與何楷爭坐。王行郊天禮。又不至。彼嘗以唐王爲難兒。爲亡王。彈冠躡履。竊竊自喜。大有『滅國由他。滅國富貴自我富貴』之奇概。故常與清人招撫江南福建者通。成功患之。一日見王。王怏怏不樂。成功曰『得毋以臣父故耶。雖然。臣王臣也。而王今日中國之中興主也。臣義無反顧。請以死扞王矣』慘乎。成功得于家則失國。得于國則失家。家破能瓦全。國亡不可興。思之思之。乃終其身與芝龍長辭於降叛之天地。

而是時。清兵已由浙趨閩。閃閃『大清順民』之旗。直隨清師所到地。迎風而立。清師博洛略泉汀。成功母在圍城中。而題曰『余夫非中國人乎。今惜一死。何顏面以對

中國』一死之淸師益進芝龍猶豫未決博洛乃遣人招之其書曰

吾所以重將軍者以能立唐藩也人臣事主苟有可爲必竭其力力不勝天則乘時建不世之功又一時也若將軍不輔主吾何重將軍哉且兩粵未平今鑄閩粵總督印以相待吾欲見將軍者商地方故也

嗚呼此閩粵總督印果佩于降將軍鄭芝龍之腰間乎索其身僅得降表一降旗數十餽金數百萬芝龍乃召成功計事成功曰淸兵不足患也閩粵吾所自有父欲得之則乘時練兵集餉號令天下豈無應者不聽子弟勸入海不聽成功又諫曰父敎子忠不聞以貳且北朝何信之有倘有不測兒只惟縞素復讎而已又不聽而盛張投誠勳求官者皆就議價比見博洛博洛陽與歡痛飲三日夜半忽拔營挾芝龍北去嗚呼亡國大夫其如是矣自是聞芝龍一喚僕則偵者至一作書則監者至所俱五百人垂垂盡散博洛時來强芝龍作家書令作『淸朝厚恩爾當來歸』語告成功淸始以閩粵總督餌芝龍又欲以芝龍餌成功成功不受芝龍曰是兒不至淸其敝于奔命乎未幾芝龍卒爲淸廷所殺

第四節 義師之初興

東山鳳已去西野麟未歸物猶如此人何以堪徵聲聞作忽觸吾耳歌曰

噫嘻我所愛之祖國兮夕陽猶是兮江山已非

噫嘻我所愛之生父兮燕山之東兮燕山之西兮胡笳嗚嗚胡不歸

噫嘻我所愛之慈母兮泉州城上兮烏南飛泉州城下兮麋鹿追隨兒身未死兮兒心不違

此歌者誰則中國英雄鄭成功其人也嗚呼水激則立空氣遇壓力太重則躍英雄乎英雄乎抑鬱至極則益奮成功既身遭『父亡』『母死』『國家多難』之三大慘境俯仰身世悲憤交集益慨然有『甯爲國民死不爲奴隸生』之抱負沿海一片土或可爲英雄發祥之鄉遒投袂而起

雖然成功是時猶王侯府第中一驕兒也成功雖遇主列爵王則寵之父則暱之固未嘗與聞兵事至是大激昂蹡蹡過孔子廟解所服儒服陳於先師之前而焚之且祝之曰

學術

嗚呼先師國家已矣父諫不聽母死非難成功之罪其曷可逭謹謝儒服以矢厥志嗚呼先師昔爲孺子今爲孤臣仗先師靈宏濟大難其濟國民之福不濟成功之罪嗚呼先師實式憑之

旣祝長揖而去遂部勒將士所善陳輝、張進、施琅、施顯、陳霸、洪旭等願從者九十餘人其自外至者文臣則浙江撫臣盧若騰進士葉翼雲舉人陳鼎武臣則甘煇藍登顯貴則林壯鄭金裕等皆來歸部署旣定迺以大艦二收兵南澳望風來附得數千人成功乃告天誓師其誓詞曰

忠孝伯招討大將軍罪臣朱成功敢以一掬淚一滴血瀝誠竭忠以誓於我三軍我普國國民之前嗚呼爾祖爾父所日日教告于爾等者何言乎夫國民之所以能受光榮者徒以有國在耳今清兵南下行且盡收中原爾等試一轉念爾等累累狂奔如喪家之犬如待亡之人爾土誰踐之爾衣食誰衣食之嗚呼不有國毋甯死余將誓師中原與決生死爾等有與吾同志願者其投鞭來從軍行矣

於是一片從軍!!從軍!!殉國!!殉國!!之聲直應成功誓言而起皆曰今唐王已

死。吾閩無主。雖然。吾聞永明王尙在梧州已改元永曆其下文臣猛將皆能爲國家死難者且兩粵亦吾中國土。吾等舉師援應。閩粵勢合。徐圖東方。事必有濟。旣決議。遂以某月日上表于永明王奉朔稱永曆元年

是歲。成功與鄭彩鄭聯共攻海澂。不克。八月。與鄭鴻逵攻同安。敗清將趙國佐。進軍圍其城。以援至解圍。明年。成功又攻同安。守將遁。遂拔其城。成功令葉翼雲守之。而自將兵轉侵泉州。已而清兵攻同安。葉翼雲死之。方是時。魯王令大學士劉中藻略定福甯州。與平夷侯周鶴芝相特角。連復建甯漳浦諸州縣。溫台義兵雲集響應。一時軍勢頗張

而成功卒以孤軍懸絕無所用武。又念母田川氏以日產。殉身國難。東望神山。吾弟尙在。乃以一紙書寄于日本長崎譯官。略曰。

大明龍興三百年。治平日久。人人忘乱。□□乘虛。攻陷兩京。愴懷神州。咸被腥羶。成功深荷國恩。義無返顧。徘徊閩浙。頗有從者。然孤軍懸絕。萬辛千苦。中心未遂。日月其邁。成功託生貴國。深慕俠風。伏維仗義。假我師旅。惟執事實昭鑒之。

比達日本以有事不報於是中國南部蟄龍鄭成功廼以單身搏戰于閩海者十數年。

（未完）

如公更緩須臾死
此虜安能八十年

大勢

國際政局
極東經營

第八期

游學譯編

癸卯五月十五日發行

半年六冊價銀八角五分
全年十二冊價銀一元六角
零售每冊價銀一角五分
郵稅酌加

總發行所　日本東京小石川區江戶町二十一番地　湖南編譯社編輯部
上海總代派所　英界三馬路中蘇報館內　湖南編譯社事務所

每月一回陰歷十五日發行

國際政局

斯拉夫人種與條頓人種之競爭（續第二期）

孫林

墺自查爾斯大公之後。有大將軍名臘豆箕者。距今七十年前論俄墺二國之政治。及軍事之關係洋洋數万言。悉中肯要。雖墺之國勢屢屢更變。而臘氏之言仍為俄墺今日之大關係焉。今特摘其最要者數條。其言曰。

俄以天然地勢之故。永為土耳其之大敵。蓋以俄之國土既廣且大。而其產物之輸出船舶之交通。惟有二水路耳。一為巴傑克水門。其他則包斯弗拉海峽也。故俄人盡其獅子搏兎之全力。惟以取君士丹丁堡為第一要着。否則俄國國民未能安枕東流。即領土亦不能完備。俄之蓄意于君士堡。良非得已也。故俄之對土政策。雖屢變遷。而決不肯毅然捨去之。因是之故。歐洲諸國日觀東歐俄國之行動。而深為之備也。

大勢

墺國自勃陸之至克樂卡之地之居民爲國中强大之要素而彼等居民其言語宗教與俄國有密接之關係故常有東傾之勢墺人患之所以日夜畏俄而爲之備也

俄國之欲攫取包斯弗拉海峽果何意乎夫固言之矣俄不得此海峽則其國不能安全也雖然俄若得此海峽則墺國之利害關係何如其勢不至墺爲俄呑不已是又墺之所以日夜恐俄而爲之備也

多腦河者墺國最要重之交通路全國之血管也與俄國之於巴傑克水門同是河注於黑海墺國處於下流雖享此河之利而每每恐人斷其上游之大定柰司海峽則此河之水利大減是以俄墺二國若不因對於土耳其而同盟相提携則交爭利益之事且不休也雖然斯二國不能

臘氏之言明料如神前後數十年二國之國勢竟莫能越其範圍當氏之時墺國國勢尚未如今日之分裂尤有雄飛全歐與俄人對壘之概及國內變作墺匈分裂墺國政府汲汲於內治姑求保其所有不遑復作雄想加之墺匈國民顧近時之歷史

喪敗之餘勇氣頓減朝士大夫無進取之精神墺匈之政治家徒恐怖畏縮坐觀斯拉夫人種統一主義駸駸日上而已於是墺國之斯拉夫族人見俄勢之日西歡然迎之如水之歸藪大有同化之意項羽駐軍垓下四面楚歌君子於是知項楚之將亡斯時也墺人大窘於是不得不左折而傾心於德低首下氣伈伈俔俔以求爲其司心聊自壯氣以爲快

德自畢士麻時代即昌言東方問題於德無稍關係雖至今日德之政治家尙以此言愚人其實東方問題與德之利害有絕大之關係焉何則俄而果得君士丹丁堡也則斯拉夫種人所居之巴爾幹半島必直折入於俄而墺國之三面均與俄接壤俄人之勢必大侵入終至墺匈之斯拉夫人種爲俄所吸取全化爲俄民而後已而所餘千百五十萬之條頓人與巴傑克沿岸之德人同陷於苦境矣故曰使俄人得君士丹丁堡是使墺匈爲俄化也

夫俄取君士堡者呑巴爾幹半島之義也呑巴爾幹者兼幷墺匈斯拉夫人種之義也兼幷墺匈斯拉夫人種者同化墺匈條頓人種之義也由是觀之德人於俄人之

大勢

取君士堡也不容袖手旁觀明矣是故縱俄人使得意於巴爾幹諸國則德失墺匈友邦而親蒙俄禍矣故曰俄秦人也巴爾幹韓魏也墺匈趙也德齊也韓魏入秦則趙舉而齊患及矣

以上所言則德人甚忌俄之東方經營無疑然畢士麻及諸政治家言其無關係何也是亦畢公之政策也德人知與俄開釁於已不利故於俄國之經營每不于正面反對而暗施其外交手段嗾使諸強用反對之策絕俄之南進蓋以爲法國者俄之同盟而德之世仇也德若與俄戰則必不得不與法戰以一敵二其勢將不支即幸一勝亦于德無大利是以專事敷衍務買俄之懽心以繼古來之友誼雖然如此交歡實不過表面之交情耳以德之境遇而論是宜堂堂正正盡力以阻止俄人之勢俄人勢長則德人勢消試觀俄人之對于土耳其惟恐其不亡德人則惟恐其亡輸之軍械助之將士爲之敷鐵道以延土之國命其用心可知矣

是故德之于君士堡士政略明爲非俄的無疑矣欲知德之見嫌于俄而親于土觀德帝至二國之情形可知千八百八十八年七月十九日德帝維廉二世訪俄帝于

聖彼得堡。俄人遇之甚淡。德帝怏怏而歸。俄帝又不即答禮。直至十五月以後。始一至德京。禮儀不備。草草了事而已。事後一月。德帝乃訪土帝于君士堡。土國國民極友邦之誼以歡迎之。上自土帝下至庶民。無不以德帝爲恩人爲保護者。竭欵待之誠焉。于是德俄之感情益傷。夫德之所以盡力援土者。非獨爲防斯拉夫人種之勢而已。抑亦有野心于小亞西亞也。蓋德爲歐洲諸强之後進。殖民政略每後人一步惟小亞西亞可爲德將來之殖民地。因特注意于君士堡。夫今日之君士堡雖不如古時爲世界之關鍵。要尙可爲小亞西亞之關鍵。若俄人一旦占之。則德人之勢斷不能及于小亞西亞。是地終落于俄乎。故使俄人得君士堡。則德人于此則失墺匈之友邦。于彼則失將來之殖民地。質而言之。俄人得君士堡。則德人于歐洲之內。歐洲之外。無所施其膨脹。德不能膨脹。則不能躋于第一等國。而其人民悉爲盎格魯撒遜人種所吸徙。使英美益强大而已。

是故德人若勿注意于近東。使俄人得自由行動。則俄人滅土耳其。收巴爾幹。取墺匈。慾壑無已。必張牙舞爪而迫德矣。夫俄人亦垂涎于德國中之波蘭之一部分。欲

吸取之久矣若德人于近東之勢失敗則普魯士之重要部分必失德人知之甚悉故極力注意于君士堡以防俄之南下

俄人之擴張領土于亞西亞是德人之所喜也何則俄之亞西亞領。非獨不能增俄之勢力。反減之耳。不獨不能致富。反以費行政之鉅額使財政疲弊。加之俄人爲維恃亞細亞之領土。駐兵十三万以防禦之。向使此兵移戍于歐洲以對德人則德人之憂也是以德人于亞西亞每與俄人相維持而與他强相反對他日極東德國有不可思議之舉動職是故也若知此關係則他日德人于支那之方針可推而知矣」

俄自柏林議會屢爲德欺。即闚破德之陷阱。視德人爲其大敵蓋即防害俄人君士堡之政略故也以爲反對俄人之近東政略者。非英非墺。厥維德人。怨之頗深。是以德雖竭力僞表親誼。欲求俄歡。俄人只以形式答之。雖以惟廉二世親屈万乘之尊。首先枉顧。亦只嗒喪而歸耳。

欲知俄德以後之勢。不可不察俄人於德墺邊境之兵力。蓋俄人爲備德。故兵馬之數。歲有增加。防備極嚴。如臨大敵。其伏兒遜那及勾府三州兵士增加之數如左。

千八百七十九年　一四步兵師團　八半騎兵師團
千八百八十九年　二五　一〇
千九百年　三一　十六

至於其兵士及馬匹之全數。尚未知其明細。蓋俄人軍隊之組織。秘密異常。數數增減。無從闚測。然以專門家之記算。則俄兵之聚集于德墺之邊境者。約六十萬。馬匹十萬。野戰砲二千三百門。爲數之鉅。殊令人聞而失驚。按俄之全國。除此三州以外。共計僅十七師團之步兵。四師團之騎兵巳耳。若是則此三州之兵數。已敵全國三分之二矣。顧不可畏哉。其最接近德境之兵數。有步兵百五十大隊。騎百四十中隊。及砲兵五十中隊。故一旦令下。二万騎之俄兵。不及數時。可直衝入德境矣。均以是故。人或謂俄人之厚集兵力于是。蓋別深意。夫俄國之地勢。與美國同。土地廣濶。無他國侵入之恐。且國中產物。足養其人民。不至以他國軍事之故。而有饑饉之憂。故俄人若果以平和爲心。則如美國之僅用常備兵。而努力于國內之警察可矣。俄國不然。不問財政之困難。以盡力武備。平時養將四万。兵士百十万。其目的非專在防

禦可知其用維何讀者試觀上言當能下一斷語

俄之為國也其在歐洲則為不須武備之國何則自德之邊境至聖彼得堡計四百五十英里至莫斯哥六百英里自墺之邊境至聖彼得堡計六百五十英里至莫斯哥七百英里則俄無兵燹之恐明矣反之俄軍至德京柏林僅百九十英里至墺京維也納僅二百英里況德墺富國也敵軍入其國可因糧支食俄貧國也敵軍入其國有絕糧之憂加之俄之國土遼遠無際雖失國都尚可持久待戰而德墺若國都一失則國墟矣觀上之所比則俄之汲汲于武力非具有雄心為攻擊之具而何

俄國之政治及軍事之活動由其國土之情狀人民之境遇及治者之野心而發者也夫俄國之幅員廣大遼遠固不待言即其人口之增殖亦聞而心驚千八百六十二年全國人口不過千九百万耳不五十年間至千九百年直增至一万二千九百万其增加之速歐洲諸國實罕見其儔匹

其國土其人口其富源天然使俄之人民自信為大國之民而發雄心其土地大故其政治家之野心亦大嘗考俄之政治家厥有二野心一欲自由開放門戶于地中

海一欲統一斯拉夫人種是也然此二大野心實出一途夫固言之矣俄人若出地中海則必取君士堡其結果必使斯拉夫人種悉爲俄所兼幷反之俄人若先統一斯拉夫人種則君士堡必亦仍落其手也

俄之政策千變萬化雖有智者難闚其奧然苟知其目的之所存因而推之亦匪難知質而言之俄人之政略厥惟以取君士堡爲主其冒險於亞細亞行滿洲政略不過以近東無機可乘閑殺英雄聊以此消塊壘耳其侵印度進波斯威嚇英國其目的所在亦不過欲使英人畏而默許其占君士堡以速成近東之政略耳故俄之政治家行種種政略出種種之計謀外面似極複雜要其旨仍不外取君士堡也夫俄人之欲得君士堡非獨便于通商實別具有大雄心焉若俄人旣得君士堡則黑海全隸俄版于是練絕大之海軍他國均無能知其虛實一旦出人不意輸送艦隊雲擾全歐威嚇諸國則歐洲且無寧歲而後施其蠶食之技以建一極大帝國亦非難事要之俄人得君士堡雖不能統一全球而雄據兩洲則綽綽乎有餘

由此觀之雖云欲得君士堡爲俄人獨一無二之大希望非過言矣其日夜孜孜惟

以擴張武備爲事蓋俄之于此由來已久至今雖終不得遂而其欲得之之心如一日也試觀俄國于千八百四十三年尙無國債至千九百一年忽有國債至六万五千六百五十五万是皆軍需之用可知俄人之不屈不撓欲達其目的實可敬可畏也」

欲知俄之政略當先求其指導此政略之人其人維何則非外務大臣而教務總官卜比得司覺夫氏其人也卜氏者爲俄廷最有勢力之人其同黨極衆皆以氏爲首氏爲人長於外交每神妙無窮且熟情任事嘗欲以俄之國教遍及全球因以取君士堡爲首基噫若氏者歐洲平和之大敵也

俄之政畧既如斯將欲行之則德人首當其衝也故斯拉夫人種隆盛則條頓人種衰微也條頓人種隆盛則斯拉夫人種衰微也而人種中死生存亡之大戰其終不可免乎歐洲諸强與是二國有關係者則惟英爲最蓋以地中海之勢力故也則若他日英與俄有戰事則德人乘勢收巴爾幹伸其勢於小亞細亞英與德戰則俄人乘勢呑君士堡以達日夜所求之目的雖然英人亦非昧于國際政略者彼必自立於界外以傍觀俄德二國之戰則彼所最願爲者也

俄人謂英人曰。德英之敵也。不可不極力與之爭。德人亦告英人曰。俄人若取君士堡。則英人于地中海之勢。其危乎。曷合力拒之。爲英人者亦固知之。然德之爲英敵不如爲俄之甚。而俄人取君士堡。其爲英患亦不如爲德患之甚。蓋均非直接而爲間接之關係。故英人亦左右答之。而坐以觀變。將欲收漁人之利也。（完結）

大勢

英法之親交

蘆中人

世界有奇幻不可捉摸之一物昔昔而殊觀日日而異彩雖以大技師大偵探家竭生平之全力以窺測之殆亦如登天之難則國際政局是也彼其物雖須臾之間亦復不能固定其重心點所在自上下下無可指限奇乎不奇

英法者相嫉視相猜疑之兩鄰翁也其互鬩也久其婦誶子詬而聲聞于外也人又以爲慣一旦感于時勢盡取其昔日所爲而委而棄之以促彼等二國之親近他日變化如何誠哉不可豫知而今日固已切切私語于戶庭之間

今日所謂爲三國同盟吾例之于畢士麥時之三國同盟殆有殊異之感其目的其結合力均有無數之變化而非可一致等視者也俄法同盟蓋亦猶是現今俄法引力注重之處非欲吸引義大利和蘭白耳義三邦乎其力集其勢重其魂移而睛注者蓋不出於同洲之比鄰英人覺其然也于是投袂而起

廼盡翻其昔日孤立主義而於同盟政界之內部洶洶起一大波瀾將來一瀉千里

大勢

必於外部有多少之動搖此外交家所能豫言者也倫敦泰晤士報載三月十日自
法京巴黎寄書書述法國下議院討論外交問題大傾向於親英主義先是法國二
三有力之新聞屢導英法宜親之先河如苦佩炭氏如必卡大佐如普盧笙綏氏亦
大主張是說同時英國新聞亦漸和答德國週刊雜誌名斯拔推拖者又唱英法同
盟之論而三月中旬泰晤士報之社說篇昌論英法親交之有益嗣茲五十日爲本
月二日英皇愛德華德七世臨幸巴黎與法國大統領相見于壇坫之上異常浹洽
又對于法國國民宣言英法親交之希望于時法國自大統領以下爭驩迎英皇一
如家人異哉吾上溯英法交讎之始以長以養于今五十年一旦舍其舊而新是謀
重之以聘問申之以盟誓斯于國際關係又何如也故吾人今日所當注意者在此
點而欲研究此絕大之問題則必先述英德之關係與法德之關係何以故以德爲
英法二國之公敵故

其一英德之關係　試一督英德之外交界德于人爲少年其氣勃勃其勢焰焰充
其野心將以海軍全力擴張海外而負有政治的及商業的帝國之希望英于人爲

壯年其力充其勢裕高視大步而帶一種保守已有之政治的及商業的帝國之意志故英有多數之海外殖民地而惟德則覬覦之英有碩大之海上利益而惟德則思占之英于世界爲先步德于世界爲後塵德不欲擴張其帝國則已苟謀擴張則必自英之右而入于德國之左而後可也而顧貿貿焉向德人而致辭曰爾其犧牲爾野心嗚呼德人其誰信之德人其誰信之

讀者曷披世界帝國史彼英人對于列國而潛藏其抵抗力者亦于德爲最弱矣惟其弱也故德人思侵掠之也抑不僅此德人得以力而一試其抵拒者舍英何有吾就諸國殖民地觀之其爲德所垂涎而謀吞之者亦非一地雖然試思之試思之將逞兵于俄領歟德之東境其無甯日矣將移軍于法領歟拉英河岸其將爲戰塲乎將對于舊西班牙所領之南美諸共和國而圖逞其野心歟則西方美人方持孟魯主義之旗幟而前行也然則現今諸大帝國中而有可爲德國之侵集地者吾必曰英一而已雖然英持重之國也又善取遠勢之巨人也彼對于德國所爲仍弗破友邦之和好盡舍其强硬之態度而惟以緩慢之政策臨之試證以達瑪耶德倘箕哈

大勢

魯沙莫揚子江之協商西河問題之歷史夫亦可窺其微矣

雖然德之雄心固不僅于殖民地見之即商業亦何不然蓋自德國出現于商界以往其蒙受此最多之侵畧與最强之打擊者亦唯英人德何圖乎德何心乎彼常欲使孤立無援之英國而與俄戰而與法戰而已則中立于兩敵之間及是時支配海權盡入吾橐此德人所日夕仰望而不得者也不甯唯是德于製造航海造船諸業莫不與英作衝突焉危乎哉英人輾轉反側乃折而入法而爲異常之親交此迫于勢而不得不然者也此一因也

其二法德之關係　法之于德也其交讎而互惡固不自今日始一千八百七十年之役法國國民之胸中尙懍懍如臨其戰塲德人今日雖餌之以甘言餂之以重幣終未能得一迴顧焉故德人益誘之法人益疑之常以軍備全力以防德軍之來侵雖然以軍人之眼决之法固非德國敵也法自近數十年來其武步不可謂不雄其軍力不可謂不增進然例于德國軍隊蓋猶瞠乎其若後試懸一陸軍擴張之競爭點而比附之凡人口稀少之國必不勝人口衆多之國据彌愷兒大佐所言將來法

國陸軍必益劣于德國故法國對于國防的一絕大缺點設欲以獨力彌縫之亦已自知其未能於是於其國防政策之範圍內而漸含有一種依賴外力之性高睨全球惟俄可恃蓋俄法合而法對于德國陸軍所含有之缺點可泯然矣雖然德國非瞶瞶者德見俄法同盟而自聯伊墺以爲之抵設三國盟詞日益堅固吾恐法國對德之危機不于俄法未親之先而又在俄法同盟以後

當時法國外交家若外務卿笛爾格偲氏及駐劄羅馬大使白累耳氏感於德伊墺同盟之不利於法也乃力除其昔日伊法兩國之惡感情而接而近之以間德伊兩國之交一千九百一年四月伊大利艦隊來訪于法國軍港支崙以表示伊法兩國親密之意則伊法聯交之結果矣夫伊大利小國也介於德法而爲之中堅亦廓然自增其勢力伊太利果棄其三國同盟而與法爲援手歟則法得以舉向所用以防伊之陸軍直達德境以聊試其雄舞又得以舉向所聚以敵伊之艦隊盡輸入于北海或拔爾捷克方面以與德軍艦乘風搏浪而博一海戰之勝利此亦可斷言者也

讀者試思之法始以拒德故而聯俄德以俄法合故而與墺伊同盟法又以墺伊德

同盟故而親伊以間德。然則伊入于法。大勢其遂定矣乎。曰有英國在而其忘之。英法不合則伊不敢與法合何也。英墺同時與伊爲敵即俄助之法助之而伊終立於極危險之地位故必使英法互相提携以爲伊太利之保障伊乃得舍三國同盟而來列于英法盟壇之下故法人自爲計欲拒德必間伊欲間伊必聯英雖英法與伊法之二大事件未能同時就範而一先一後以左以右大有一步一步以自達于國際的圓滿境域之希望此又一因也

英德法德關係之說明。乃可述英法兩國之關係。

一殖民地問題　法人于意中所必需之殖民地亦已得之。其于現今所經營者。于暹羅于南淸于南北阿非利加于自湫尼斯以迄雀德于埃及于東阿于麥達格槪爾英人皆退步斂手而自立於旁觀之地位故英法對于殖民地事件斷無昧昧開戰之擧且法國已由少年以進於壯歲進取之心漸去保守之念方來究其現勢實與英國有同情之感一方對于海上勢力問題亦未嘗萠全握海權之野心夫如是故於英國海上之所爲亦非欲覆而去之是亦有可合之機一矣

二商業問題　於商界上英法之競爭亦不甚劇何也英法之重要商品各異故也故英夙不向法國之葡萄酒以求爭法亦不向英國之煤鐵及棉絲以挑戰兩國商業本有互相提攜及互為發達之性質法國一新聞記者曰『法國殖民地方對于英國商業要為最良之市場若法國自殖民地排斥英國商品其所損害不獨英國商業而已即法國殖民亦大受打擊也』試就法國殖民地輸出入之數而比例之其自法國來者僅較自英國購入之十分之三不啻唯是即自法輸出之三分又復為英國所購買然則英法兩國於商業方面儼如一輪布帛一輸菽粟二者須臾不可離其若是又尚何爭戰之有是亦有可合之機二矣

二問題既決而英法之間其自政治上及經濟上觀之已漸泯其兩兩衝突之陳迹且現今乘波鼓浪而直入於歐洲競爭之中心者又堂堂有一德軍在法欲合英固以自衛英必聯法亦以自固而以各自扞衛之希望反同出于一致聯合之蹊徑時乎時乎其不再乎而猶或不然則必昔日敵視之感情尚有餘波又以法援英敵(指俄國)之非望為之也矣

（未完）

大勢

極東經營

極東問題（續第四期）

頑僧

且吾觀俄羅斯外交上之運動其政略之陰摯其手腕之敏捷列强殆有防不勝防之概既强租旅順口爲屯軍港復奪取達爾尼爲商業地他如達的紐爾（土耳其之海峽）之事件列國已認爲違背國際條例而第二次之水雷艇又高揭商旗而通過矣東三省問題之初起有英美日三國之干涉即移其方針而向朝鮮矣曠觀今日俄國外交上之活歷史如鬼之無形如蜮之不可測其机械變詐之術雖聚世界外交家之心思才力尤不能貫徹其眞面目或曰俄之耽耽逐逐傾全力以經畫極東方面者既公認爲破壞秩序之蟊賊排斥和平之巨擘則曷不結聯與國以防遏其包藏禍心之行動則荅之曰唯唯否否不然夫結聯與國以牽制對手國徵之他國歷史固

亦有消患無形而轉弱爲强者然其所謂某某國同盟某某國協商云者要皆利害相同休戚與共始得立於世界列强中而互相維繫也而不然者去甲國之凌辱即入乙國之牢籠彼日日言担保日日言扶持由表面上觀之眞若有可親愛者而其處心積慮吾敢斷言之曰欲伸張其政治的勢力範圍而已

且夫結聯與國之政策吾豈必欲梗是議哉雖然吾觀列强中之同盟之協商其間自有一各操勝算之媒介物以維繫之其物維何則外交是也今日列强之對吾國固安有所謂外交者哉由他國言之强權而已由滿政府言之媚外而已是故結聯與國之策果有一日而能達其目的也吾知其將借同盟協商之名詞以操縱其麻木不仁之政府壓抑其痿痺不振之人民而徐圖擴張其勢力握取其主權也必矣嗚呼天下惟不能自助而望人之助爲最可悲耳立國於大地中其國民無獨立不羈之精神而惟依賴他人之是望其不至於滅亡也幾希

雖然吾欲解決極東問題之結果而先泛論吾國之外交則離題萬里之誚知不免矣茲聊述俄國大藏大臣東方視察之報告如左。

據近來俄國官報所載。俄國大藏大臣烏依脫氏東方視察之復命書。凡關於西伯里亞滿洲鐵道之過去、現在、及將來之顯象。皆縷縷報告。今摘錄其大要。以窺俄國當局者之意見。

烏依脫氏謂西伯利亞及滿洲之兩大鐵道。帶世界的任務。實與歐亞間有密接之關係也。東洋人對歐洲市塲之需要。逐年增加。歐洲人對東洋之放資。亦逐年增大。故此二大鐵道。可稱謂東西調和融通之一大機關也

西伯利亞鐵道。不僅使發達該地之生產力。且便於俄政府之實行移民政策滿洲鐵道。不僅使擴大該地之礦業。且便於俄政府之實行帝國主義

就二大鐵道之工事費而論。加入培爾姆馬特司之支線。及愛克利丁堡支線之附帶費。需七億五千八百九十五萬五千九百七盧布。若加入巴依卡爾湖週回鐵道工事費。須達十億盧布云。

俄國今日經營此二鐵道之工事費。洵稱巨欵。然將來所得之利益。必能倍蓰西伯利亞鐵道。亞歷山大第三所謂完成平和的事業。及教化的任務之原則也。雖

然。欲完成先帝未竟之志。洵非易事。非熱心奬勵之不爲功。

大勢

由歐洲之俄國（指聖彼得堡）移殖人民於西伯利亞今日俄國之最大急務也。

就達爾尼之市場而論計畫商港之落成須一年以後該市得商業上之最大便利可設石炭貯藏所以開掘滿洲之石炭

欲達吾人（指俄人）之目的必以達爾尼市場爲世界商業之中心然俄國人必於同時掌握全市之不動產所有權

就達爾尼市與海參葳之關係而論達爾尼之開設或不免損失海參葳之市場。故兩市之關係不可不預謀適當保護之法俄國占領關東州而築長其鐵路以黃海爲中心則其終点非得不凍之商港仍非俄國之利益也達爾尼爲終年不凍之良港固遠勝海參葳且接近支那之中央市場以言將來之利益頗有絕大之希望故達爾尼不能爲海參葳之犧牲也

欲冀海參葳達爾尼二港之繁盛並行不悖則不得不先擴海參葳之商業範圍故經營沿黑龍江及東北滿洲鐵道乃今日之急務也至達爾尼之商業範圍則

南方滿洲一帶尤不可不注目

俄國於達爾尼市場之經營費已達一千八百八十五萬盧布之巨額由今日之現象觀之該市已漸趨於繁盛至去年一月迄在該市內外人所收買之地面計一萬六千八百四十三平方哩其代價共得四十二萬五千零二十七盧布若平均計之則一方哩之代價須二十五盧布今觀其趨勢尚須騰貴且在該市第一期所賣地面之總面積共六十萬平方哩其收入費計一千五百萬盧布況此外之餘地尚有四分之三耶

更論二港之實施關稅法曰無稅港之廢止是衰敗二港之一原因也滿洲鐵道之設置南滿洲線是欲拓殖海參葳之一原因也欲保護海參葳之市場由無稅港而變爲有稅港已非易事而况欲達此目的先不可不以海參葳爲自由港如是則本港內之輸入品悉爲無稅若由是而輸入內地者亦僅課其應得稅而已以上皆據俄國大藏大臣烏依脫氏之東方視察報告夫俄國積數十年之精力擲數千百萬之金錢以經營此二大鐵道二大商港其果爲商業上之競爭而起耶此

大勢

其故固不待智者而決也要之自俄土戰爭以來俄人於地中海之勢力屢屢爲英人所扼蓄其勢而不得逞則不能不轉向東方施種種之政策矣

（未完）

野獲一夕話（續第四期）

匪石

傷哉孔子之裔

當清祖入關嚴令薙髮之始。天下從風。陝西道孔文驃奏曰。臣家宗子衍聖公孔允植。已率四世子孫。告之祖廟。俱遵令薙髮訖。但念先聖爲典禮之宗。顏曾孟三大賢並起而羽翼之。其定禮之大者莫要於冠服先聖之章甫縫掖子孫世世守之是以自漢迄明制度雖各有損益獨臣家服制三千年未改今一旦變更恐於崇儒重道之典有未盡也應否蓄髮以復先世衣冠得旨。薙髮嚴旨。違者無赦。孔文驃奏求蓄髮。已犯不赦之條。姑念聖裔免死。況孔子聖之時。似此違旨有玷伊祖時中之道。着革職。永不敍用。此一事也方桂林昭。孔有德以留守瞿式耜去。有德勸之降。曰吾在湖南。已聞留守盛名。（中略）甲申闖賊之變。大清爲先帝復仇。葬祭成禮。固人人所當盛謝者。今人事如此。天意可知。閣部毋自苦。今後我掌軍馬。閣部掌錢糧。無殊在明可也。式耜曰我爲永曆皇上供職。豈爲□□供職耶。有德曰吾居王位。亦頗不微。式耜笑曰祿山朱泚。而自以爲王。一何王之賤也。有德曰我先聖之裔也。勢會所迫。已至今日。閣部何太執耶。旁有張總督同敞厲聲答之曰。爾無辱先聖。爾爲毛文龍之門子。而自以爲先聖裔耶。亦被執。（見庚寅始安事蹟）此又一事也

嗚呼。孔子距明清鼎革時代。已二千餘年。而不肖孫子。於國破家亡。身辱時。尙齒及之。以爲攩牌。爲市招。然則人何樂爲賢父兄哉。法人之言曰。吾國有拿坡侖。美人之言曰。吾國有華盛頓。之人也。皆自愛其祖。若父若神聖。不可侵犯。苟汚辱之。直指斥以爲大讎。此族系之所以可貴也。彼若文驃有德者。或僅自好。或大不然。而曰余固爲孔聖人之裔。孔氏子孫。而乃若是。乃若是。

法王路易受審時之口供

法王路易第十六讎國民讎憲法國民大憤起而執王王卒與后同上斷頭臺以死。此一段歷史盡人能言之余不復述述其受審時與議長辯答之口供。

議長　路易今法蘭西人民來議會劾汝汝滅却法蘭西人民之自由施虐政逞暴威行種種罪惡先是汝於千七百八十九年六月二十日中止代表國民之議會以暴力逐代議士於議場此事有立憲議會議員於伯爾塞之投球殿所作之調查書爲證（投球殿宮殿之名千七百八十九年六月二十日夜王下令閉議事堂命軍士守門戶一切人皆不得入衆議員乃集誓于此誓非故不得退散）二十三日汝對於國民而發布數條之法律欲使兵士圍代議士居而妨害之又布命令書二通而使散會其證確鑿汝能辯之乎。

路易　是等禁行之法律余未知曉。

議長　汝向於巴黎人民而派遣軍隊虐殺府民數十人又有拍司羈魯城之役此於七月九日及十二日十四日汝向於立憲議會議員自述之辭爲證且又有求意魯利城之暴殺汝能辯之乎。

路易　當時軍隊之進退得任余意雖然余決非有暴殺之事。

談叢

議長　此後於十日約諾於國會於十七日約諾於巴黎廳尙計畫妨害人民之自由又關於奴使封建什一稅之廢止案汝又不能實行而私增其親兵員數徵集法蘭德聯隊於伯爾塞以十月一日三日大饗軍士於伯爾塞城內之演技殿以求其歡心。各兵士足踐國民之帽印而着白色帽印。(王家之帽印)且縱辱國民。汝則不禁之。爾後又起暴動。使多數國民。斃命於暴軍之下。(因前宴惹起國民之憤以十月五日六日激戰於伯爾塞城外故議長言及之)及親兵敗走。汝又變易其詞而爲詐欺之約諾。此等事實。加入于八月十一日議會之決議書。又於九月十八日汝之意見書。及立憲議會所作之調書。且於十月五日六日之亂同日。汝對於立憲議會一委員所述之辭爲證。汝能辯之乎。

路易　余以正當之意。而付余意見於尼開米以待其決議。(指奴使封建什一稅廢止事)至於帽印一條。全屬虛說。余未知其事。

議長　汝於七月十四日行大祭禮。誓言保護憲法而又背之。又以達龍之力而使內地人民抗敵革命。又以米拉坡之力而腐敗公衆之精神。汝能辯之乎。

路易　當時事雖不記憶。然皆係於余認可憲法以前事。

議長　汝糾合同志而散金以買人望其事載於達龍之筆記。及四月十九日拉坡路德送汝之書翰。汝曾署名其下。兼述承認之意。且拉坡路德以此書翰協議於利栢羅德。繼又告散金不効之事於汝。汝又企脫走之陰謀而於二月二十三日拉坡路德送來一通筆記。示汝脫走之方略。汝署名於此筆記之末。張其餘頁尚附有汝承認之言。汝能辯之乎。

路易　余以布散金錢。爲無上之愉快。決無關他種計畫之事。

議長　於二十八日汝會合多數之貴族及軍人於求意魯利城謀種種脫走之事果於四月十八日私出巴黎。而奔於聖哥魯德。汝能辯之乎。

路易　此劾告係誣罔。

議長　汝於二十一日携帶僞造通行劵脫走巴黎。汝已背曩日認可憲法之正條又命各省長官凡自國會所發之各種書決不署名又下於司法大臣有不得扶佐國會之嚴命汝又絞國民之膏血而自供謀叛之資且又假破伊之指揮兵以

談叢

助之破伊者先汝擔任舉行暴殺者也。汝又送書曰人望者。卿之要務也。子其勉之以上事實。汝自署承認之言于其餘頁與二月二十三日之筆記。汝以自筆而備錄全文。又六月二十日汝之宣言書。及千七百九十年九月四日汝送破伊書。又破伊報告書內述已支金九十九萬三千盧布供一部糾合兵士之用。其證確實。無可疑者。汝能辯之乎。

路易　二月二十三日之筆記。余則不知。至旅行拍蘭一條。余當時已告於立憲議會委員矣。

議長　汝于拍蘭被捕後向日汝手所握之行政權一時終止執行。然汝尚糾合黨與以七月十七日於向德瑪魯司地方虐殺國民。又據千七百九十年汝自筆送拉伊愛德書證跡判然。且汝於糾合黨與一事。亦備用種種方法。如雜誌小說新聞等項凡可改變公衆之意旨者汝無不行之。又使國會發行之紙幣失信國民且於脫走之人。多方以護之。投金以助之。凡此者汝皆以束縛國民爲目的者也。至於汝之消費。已不知幾萬千之巨款。此有賽德伊愛所持之手冊爲證。汝能辯之乎。

路易 於七月十七日之事件。與余無關。至其他事項。余更無所知。

議長 汝於九月十四日承諾憲法。當時汝臨會演說。亦示欲維持之意。且告憲法尚未完備。汝已謀早覆之。汝能辯之乎。

又七月二十四日。烈阿波爾與不烈特力維廉二人（烈阿波爾為法國王后之兄不烈特力維廉則普魯士王也）於披露尼玆期再與法國王位。而開君主專制之政府。且與汝締結盟約。此約涉於全歐人民之事。而其原則由汝一人而起。汝又能辯之乎。

路易 余於此約。直為報告。且非余一人之事。至其他一條。皆據憲法而為大臣管掌之任。

議長 於士耳其有舉謀叛之旗者。汝送員三人以助之。又委員或不從事於糾治。或抗敵於革命。則汝力證其無罪。汝能辯之乎。

路易 付於委員之委任狀。即委任何事之證。然大臣初示余委任狀時。余更不知

談叢

其然。

議長　方羅馬法王領地阿披絡及披空達婆奈省二地隷入法國時汝於一月後尙未施行命令內亂乃起。是地人民悉被塗炭且汝前後派遣之委員數人皆逞暴威縱剽掠汝能辯之乎。

路易　該命令之施行。因何濡滯。今亦不能記憶。至其他事項。非關於余身。而關于被派遣之委員與派遣之者。

議長　方宣告人民自由時伊尼姆、孟德班、莽特轄奈諸地方。大爲動搖。遂致擾亂。汝爲革命之敵而挫折之又賽蘭陰謀破裂不復擬罪汝能辯之乎

路易　當時大臣等禀議於余。而下命令。一無所遺。

議長　馬耳塞人託義革命。汝直攻擊之汝能辯之乎。

路易　此事余有一件書類答之。

（此節未完）

說憨

通界

肇語

不憨毋寧死强矣哉憨憨故動偉矣哉憨憨故猛雄矣哉憨憨故無畏迅矣哉憨憨故精進藹矣哉憨憨故大仁熱矣哉憨憨故至誠烈矣哉憨憨故藐死憨兒憨兒我香花祝而神明視

新義

舉數千祀腐敗訓詁婦孺詈罵之穢名詞倒掀而爲極高尙極尊貴之徽號可愛哉憨之形可敬哉憨之義最人有獨立之特性必無依賴之劣根賴根一萌即不克奮斯奴隷已憨者有獨立之精神者也欲提精神須脫奴軛欲鎔偉業須播憨子柔矣

雜文

靜矣我民之根性微動矣奈無意識何苟有敢爲之士提奇議出怪行則通社會羣起而攻之曰憨憨于是極高尙極尊貴之憨字遂變爲笑罵不堪之成語儒者赧道婦孺醜辭寃矣哉雲雲世界唯憨者克離諸縛注一心而鑿其空犂其荒雖跬步荆棘片言網羅而無罣礙無沾滯

界說

流血購自由說法度衆生以希未來之樂利睠彼世間曷尟憨兒非有盧孟之憨兒則佛蘭西不克發革命之火非有亞密斯丹之憨兒則英吉利不克行平稅之政斯憨也我敬之愛之是謂之有意識之憨是謂之公憨公憨是益民傾萬金裂匹帛于花酒世界以博美人之一笑羣黃白拈香火于泥木之前以禱五穀之豐登因風水而阻止開卝阻止鋉路爭坟墓爭田產而鬬族械鬥較錙銖競米鹽而手足路人鄙夷狄而燬教堂刈教民斯憨也我厭之恥之是謂之無意識之憨是謂之私憨私憨是毒民嗟我兄弟嗟我同胞毋結成私憨之惡果須孕成公憨之愛花

原理

憨也者人之糧事之母也無憨性即是必死明知法無可說而常樂說法明知先時人物之心苦而常樂先之明知與社會戰其身必死其事必敗而常樂挑戰明知事無可爲而常樂爲之憨與憨與是眞憨也

然則憨之關係羣治誠密切哉證憨之因厥有四果

甲　無憨根性則無希望

乙　無憨根性則無魄力

丙　無憨根性則無俠氣

丁　無憨根性則無破壞

無憨根性則無希望◎希望者羣治進化之主動力也有希望而有進化有希望而有憨性無憨性是無希望也大雄哉希望之動力能提起人能鞭策人以任一切事最有知識即有希望飛潛走蠕莫不具焉知度益高則希望亦益大大矣哉人類之希望希望希望益高則憨志亦愈猛憨我剎那樂我永刧憨我幻體樂我法身得玆希望諸縛淨離邪穌之流血成仁其希望在天國釋迦之苦行絕俗其希望在涅槃丘軻

雜文

之周行說法不憚舌敝其希望在大同許身稷與契致君如堯舜得志之希望也庶士傾風萬流仰鏡名之希望也著述數萬卷自期古聖賢古之希望也黃金數萬兩致身青雲上利之希望也朝秦暮楚屨穿刺破啜殘羹咽冷炙于侯門之下者勢之希望也大仁哉希望大危哉希望人間世一切事物莫不由希望而來

無憨根性則無魄力◎勘破生死界則一切無畏然非有憨性必生懼心有憨思想者則知無所謂死無所謂生刮剝臠碎體魄毀己而靈魂不離斯念一起雖獨往獨來于怪岩倒壁間虎狠吼咻魍魎隱現而無所于怖無所于遁具此魄力然後鑄成金剛不壞身然後能造震天撼地大事業佛曰奮迅曰勇猛曰威力曰大雄曰大無畏

無憨根性則無俠氣◎頭可斷腕可折肉可臠名可汚勢可敗白刃可蹈而俠氣必不可挫而俠風終不可衰豪奇哉俠乎壯雄哉俠乎人無俠骨厥疾痲木國無俠風厥餒武魂古今大人物所以義之所在水火甘蹈道之所存鼎鑊勿辭苟缺憨火曷望鑄俠曹沫刼盟豫讓漆身聶政以狗屠而殺韓隗漸離以傭役而報荊軻荊軻奮

尺八七首入虎狼之秦與炙手可熱羣黎慴服之暴主決生死于一刹那藺相如持璧倚柱怒號一聲天地變色毛遂侯生奮身不顧以酬知已魯連折魏使却秦帝願赴東海死不忍爲秦民以至朱家田仁郭解劇孟隱娘空精之流莫不結熱血煽猛火而戰膽仇敵褫魄民賊俠乎俠乎洵世界唯一之眞價値也

無憨根性則無破壞◎輯和萬民民賊制腦制口渙羣之第一毒辣手段也制其腦俾無破壞之思想制其口俾無破壞之言論渙其羣俾無破壞之能力雖然愈壓愈激再接再厲而世界成一血世界然後有人物出現遂變血世界而爲無血世界有林肯華盛頓之憨性則成放奴戰爭抗英獨立之兩破壞而現光華美滿之米利堅有吉田藤田西鄉南洲之憨性則起覆幕維新之大破壞而造亞東文明之日本政治然已最百學術莫不皆然即破即建遞衍遞進達于彼岸

雖然我衡其理復有兩鐵證

甲（憨名易顯則愈野蠻）

乙（憨人愈多則愈文明）

憨名易顯則愈野蠻◎樂矣哉野蠻世界而憨名之易顯然其身命亦險矣哉何以故彼無知識饑則索食樂則求偶渾渾懵懵醉生夢死我突有驚天轟地之偉業欲盡革通社會注集之目的未有不激刺其神經而集矢我身者苟非有特別之性質絕大之魄力不克抵之基督慘死於十字架佛孔被詆于社會盧孟爲擧世之公敵職是之故

憨人愈多則愈文明◎欲驗文明進退之程度當視其憨數增減之程度爲比例差人類性質愚則固知則王愈愚愈蔽愈知愈王當文化長進知識發達之時期衆生心目中皆有目營九州手摘八星一擧冲天聲聞萬里之思想思想益高希望亦益大精神不足以相攝于是遂成白雲在天不可呼明月豈肯留庭隅之奇疾代想代高則憨數益多而其國之文明亦進于無量

價値

大刀濶斧開闢事業憨之價也無憨志則不克發火力無憨志則不克抽高想無憨志則不克揚偉議無憨志則不克造奇事人羣中一切事事物物大而宗敎學術人

心風俗。小而文藝技術名物。何一不自眞憨人物。揮憨淚絞憨腦敝憨舌禿憨筆瀝憨血塡憨尸以易之者也。嗚呼偉矣哉憨之眞價値不可思議哉憨之動力也來如電霆收震怒罷如江海凝淸光一刹那頃演出無量事業玄奘法師之一鉢一錫越葱嶺冒毒瘴以達印度曰惟憨之故哥侖布之一帆一楫步巨濤窺生命以覓新洲曰惟憨之故瑪利儂以雕工家之一纖女而能臨死不撓放一文明燦爛之奇花于黑暗法國大革命之洞裏曰惟憨之故若安以眇眇一田舍靑春之弱質而能退十萬貔貅之英軍曰惟憨之故

變相

憨之代名詞曰癲曰狂曰戇曰方曰蠻强曰不懂事曰麤性暴氣曰不近人情

(癲)他人恥爲我獨爲之他人樂爲我獨不爲

(狂)有飛揚不能自己之情

(戇)單刀直入旁若無人

(方)棱角聳尖重悛重轉

雜文

（蠻强）有特別之性質有冒險之精神
（不懂事）事無可爲而必爲之
（𪓰性暴氣）直前敢爲萬難甘犯
（不近人情）奪人所樂樂人所厭
憨之對待名詞曰圓曰愚曰畏曰疑曰假曰怕結怨曰客氣曰傲氣曰敷衍曰名士氣
（圓）無是非無善惡萬人皆知已
（愚）具非人動物之性質
（畏）畏首畏尾一切不敢
（疑）三思四五思一事無可爲
（假）無眞志唯大言
（怕結怨）意退後畏進前
（客氣）最人不可不具自主之氣概獨客衆客萬事皆待

（傲氣）目空世界藐視一切儒者毒習等是人也何界何他化身彼界說法超度則衆生未有不霍然猛省者

（敷衍）言無是非行亦無是非

（名士氣）汝豈渾沌不可嬉笑常樂開之否則彼無知識者永錮已甚矣烈矣數千年相傳最劣最毒之名士氣也

彌言

通界既受鄉里婦孺罵人最不堪之穢名乃絕食發憤擊節而嘆曰嗚呼憨乎憨乎世人假汝之名爲村老鄉嫗謫訾最穢之汚名我獨表汝之名于數千年腐紙殘簡中而揭爲通球轟古鑠今豪傑之偉號汝兮有知當敬愛我我敢敬告于我同胞曰人間世一切事非發憨火振憨力必不能成我發我憨念達我目的雖舉國欲殺舉世欲殺而我憨性終不可變我能有憨名徧世界乎其憨性未有不高邁哀峯者矣孰憨名我我將事之敬之祝其憨名之日來禱其憨名之日大我烏敢詆我烏敢怨天果欲降大任于我乎莫美于位我于憨名集注之場而俾占一最高之席于憨界

雜文

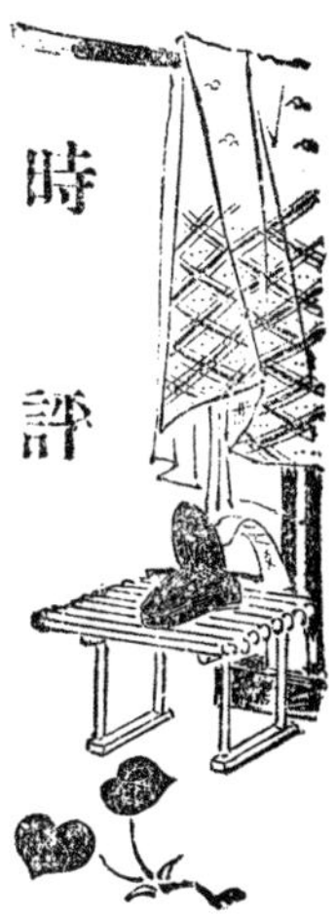

◎本省之部

台州甯海官竟不知有天日乎

吁吾何忍述吾國民顛連無訴之慘狀吾國民受辱受抑受痛苦於官者吏之手歲不知幾千萬人或限於窮鄉而不得訴或束身純謹而不敢白求其究竟只以飲恨吞聲四字了却此一段糊塗帳哀矣哉吾國民之柔也累歲以來捐派益重虎冠者流大肆貪虐其間稍稍有氣血者柔聲下氣求爲民緩死須臾而官吏即坐以犯上之罪若鬨堂若毆官要皆出於萬不得已之途而身僇家毀己駸駸加乎其身吾國民何寃何孽而受罪若此

此種事吾充耳其厭聞雖然不忍說亦不忍不說讀者知甯海縣官有一段異聞否

甯海縣官某到任未久種種不堪事姑不說今年春台府有試事各縣士人來府應試者皆賃屋以居謂曰考寓甯海人某某亦租屋待試屋之鄰則甯海吏役長之居也夜甞開賭博會呼盧喝雉聲達于戶外某某以不安於夜眠往告之曰某夜余等將赴試請少靜比期博聲益喧噪某某憤呈其狀于官官照例遣役查察役以

時評

是爲役長家含糊以應命。然某某亦姑聽之。某日。某某自試場歸。闢其房。則衣物狼藉滿地。失物已不勝計。而門扃固無恙。窺求再三。則房之側。有門通役長家。居常閉。此次則門縫相差。與平時異。大怪之。叩其故于役長。役長大罵曰。吾豈作賊要汝窮秀才物耶。某某益憤。又呈狀于官。而役長亦呈狀於官。其略曰。余有妻。隣寓某生數挑之。余見之。稍辱生。生以是嘲我。以他事相誣也。官納其說。令某日兩造皆聽審。至期。役長往。某某亦不敢不往。終以士役並獄窃窃以爲恥。各士子亦大憤。乃相約偕往。往則官命跪。既跪。官不問失物事。而但向役長言曰。某生訴汝家聚博事有之乎。役長曰無有。官曰或偶叉麻雀耳。役長則應曰。余家祖考生考生偶戲麻雀耳。官曰然則不得謂之博也。又問曰汝訴某生挑汝妻若何。役長刺刺訴事。方官吏登場演戲正酣。有某生者。氣憤不能平。起而言曰。此竟是一面焦。我輩尚想有出頭日耶。如此審法。不如去。逕出身外去。官命捕之。人多聲哄。而某生已被捕入官矣。某生者。素以明白名。嘗在甯開演說會數次。官啣其名久矣。今次非以應試來。亦非與失物生同寓。以激於公憤。遂及於禍。時官欲坐以鬨堂之罪。且欲加以妖說惑衆之讞。賴甯人保持之。乃得釋。而役長卒揚長于里門。

嗚呼。官護吏役。乃如父子相隱。事豈非至奇。役說不博。官曰或叉麻雀。叉麻雀不算博。通同一氣。不復置問他語。悲哉吾浙江。乃幽黑暗地獄。若此恨未能一光明之。雖然。此亦吾浙人之羞也。何羞爾。柔也。柔則役欺之。官欺之。外國人欺之。普天下苟爲人類。皆得而欺之。則今日之中國是也。

在京浙官之公函

浙官不可恃我不得不九頓首以請命于鄉先輩先生之前書至此適滬上報紙至內登在京浙官以浙江大學堂事致函黃都轉及勞總理詞意懇切愛鄉人如其兒既一憤又一喜書節錄于下

致黃都轉函　（上略）以上云云吾浙人皆可恕公獨至學堂一事則公出全力以制浙人我浙人亦嘗出全力以報公方公蒞浙之始我浙人有以提倡學堂爲託者公漫應之經濟學堂一稟由幕中人介紹達公据稟詞則陽託贊成据商言則陰相擠阻故以萬分結實之公牘閱兩載而化爲雲烟而省學堂府學堂自公督辦以來迭起風潮務以摧抑士氣爲宗旨今以移官他徙之人尸居餘氣猶敢倒行逆施將我辦有成效之學堂敗壞殆盡致省學堂全班散學就各報及同鄉來函所述辦理荒謬之處約有數端學堂爲清嚴之地不應有宵小溷跡其間時時失物其荒謬一既失物矣即不能禁學生追求乃失物則聽之追物則革之待宵小何優待學生何酷其荒謬二學生革而風潮起矣即當更換戴稽查戴姓安慰在堂學生之心以昭平允乃竟任聽全班散去其荒謬三夫庇宵小而虐諸生護一人而壞全局決裂若斯中丞尚有挽回之意而公又從旁阻撓其荒謬四若謂吾浙士氣素不馴耶何以林迪臣太守創辦學堂不聞稍有齟齬之事今之在上者動曰學堂難辦難辦如京師張大冢宰之爲管學舉世皆諒其難蓋猶辭其職而不可得也此外則陽託難辦之名而陰行其盤踞把持之術公之貪狡陰邪爲全省官場巨擘而又始終具一紈袴根性以爲吾既紅其頂而花其翎矣縱有再加十倍之荒謬爾浙人其奈我何嗚呼此所以不敢不止也月前許筠菴被劾之後行將及公幸同鄉某太史竭力消彌之豈江西人有鄉情我浙江人無鄉情顧以辦有成効之學堂聽公敗壞耶（下略）

時評

致勞總理函　(上略)公涖堂之始。于孫某文字之案。妥爲消弭。不致釀成巨釁。尤見公保全同類之盛心。乃未幾鄉人來函。屢有短公者。謂僑寓眷屬。創泰東西未有之奇。某劣幕之子。因違章私出宿娼。被中學堂革退。公竟以某劣幕私條。収爲高才生。此外尚有偏信戴姓屠姓等事。(以下詞意與黃函略同故从略)今日文明諸國。往往厚多數而損一人。中國則反是。一稽查必曲庇之。衆學生可令散之。蓋公熟讀野蠻之律。深体野蠻之心。以爲吾用專制以庇稽查。將來督辦必用專制以庇總理。矧黃幼農都轉本與吾浙士人爲讎者耶。是故全堂學生。風流雲散。而公則山雞對舞。海燕雙棲。仍不失其朝歡暮樂。福建以武備學堂而爲臬司置籛。浙江以全省學堂而爲總理藏嬌。天下事所謂無獨有偶也。夫中國野蠻之事誠多。顧敗壞全局。專顧其私。膽大妄爲。如公等者。殆亦不數數覯。公老刑名也。吾等請援最近最切之案以斷斯獄。南洋公學以護庇郭教習而致全班散學。汪總辦即日辭差。浙江省學堂以護庇戴稽查。而致全班散學。乃執事居然戀棧。覺南洋總辦猶有人心。而公則毫無廉恥矣。公既具此全無心肝有覥面目之長。而又應運而生于野蠻之中國。宜其投無不利。何必舍鄉靴手版而戀々於百四十金之館。以毒我後昆。總之此釁已成。無可解免。吾等同鄉在京之人。決不願公再尸皋比之座。(下略)

大學堂全班退學事。前本誌己加評斷。得此兩函。凡敢於侮慢學生。而大肆其壓制之威力者。亦可稍熄其燄矣。大學堂爲全浙性命所係。此而敗壞。全浙皆敗壞。吾浙人之爭之者。義也。雖然吾浙事之待吾浙人而舉者。殆亦不勝枚舉。而放棄之。即放棄其浙江也。此義願吾浙人共勉之。

◎內國之部

上海吳蔡二公之遭逮

上海自教育會成立後踔厲馳發儼為中國全部關鍵之中心今歲廣西事起滬上馳電交錯繼之以東三省事又繼之以四民會政府及外省督撫皆注目而未有以發也日前聞有呂海環者向嘗出使歐洲而其見地其品格仍塊然一如北京政府見上海教育會舉動心惡之乃告上海道袁海觀令逮其主者曰吳君曰蔡君袁漫應之未即發呂又告江蘇恩撫令促袁行事袁乃與領事商辦且簽字矣工部局以故不允事遂中止方風謠正急或勸吳蔡暫避地二公皆不欲甯待捕以死眞落落大丈夫哉政府之不能與國民敵也久矣遠之法蘭西之革命近之俄羅斯之立憲嘗出其死力狡謀以與國民搏而其究也乃若此如中國者此僅其萌芽耳度政府之力亦非能如法蘭西俄羅斯而顧乃東施效顰漫焉嘗試豈非計之左歟上海為外人租借之地吾國民之居於此者非以其能避禍也以其能變通也勢力既展要必布之於內地吾國民所為仍若是也大無畏也大無敵也如其未信請姑試之以卜吾國民將來之興亡

滿洲問題

自滿洲問題出現各國新聞屢加評論吾國人未嘗知也知其事而論之者約有數種一說俄未嘗有滿洲也一說英日美三國聯盟拒俄吾國人不加察而亦漫然言拒俄是為英日美三國所愚也之人也吾憐之此事

時評

關係者何見之各報見之論章亦無待論斷今但述俄兵駐紮東三省人數試請讀者猜之彼俄人何所爲而若是何所爲而若是列駐防東三省俄兵現在數如下

屯地營	步隊	馬隊	砲隊	合計
營口及牛家屯	二〇〇	……	……	二〇〇
大石橋及附近	七〇〇	七〇〇	……	一四〇〇
遼陽及鳳凰城	二五六〇	二二四〇	三八〇	五一八〇
奉天	四〇〇	一四〇	一四〇	六八〇
鐵嶺	二〇〇	四〇〇	……	六〇〇
公主陵及附近	六〇〇	九〇〇	一〇〇	一六〇〇
長春	八四〇	一四〇	……	九八〇
吉林及附近	五〇四〇	五六〇	一一八〇	六七八〇
老稍溝	四〇〇	四〇〇	二〇〇	一〇〇〇
哈爾賓阿什喀等	三〇六〇	二八〇〇	八二〇	六六八〇
烏吉密	四〇〇	三〇〇	……	七〇〇
橫道河子及近步	一三〇〇	一〇〇〇	一〇〇	二四〇〇

寗古塔	五六〇	二八〇	……	八四〇
穆稜	三〇〇	三〇〇	一〇〇	七〇〇
齊齊哈爾	四〇〇	五〇〇	……	九〇〇
布哈特及附近	一二〇〇	一四〇〇	……	二六〇〇
海拉爾	四〇〇	三〇〇	……	七〇〇
合計	一九一六〇	一二六二〇	二八八〇	三四六六〇

觀此亦可以悚然懼矣。夫滿洲之爲俄人所有。法德亦已公認。即美人亦作是說。即未洽者。英日二國已耳。英以其關于牛莊。日以其關于朝鮮。然英于牛莊不甚注意。則所餘者僅日本一國。今乃欲以稱壯之力。挈東方老大帝國而使之無違于予言。其力固尚有未逮。然則滿洲將終爲俄人所有矣。滿洲滿洲。爾鄰有虎。行且噬爾。而爾又暱之。是如深居窮山而引虎以自衛也。危乎不危。

樂哉神之山遊

今歲日本開第五次內國博覽會。吾國官場人來觀覽者。絡繹不絕。其位望其体制。以振貝子爲最隆重。日人所稱爲清國五欽差是也。同來者有那侍郎。前嘗以庚子謝罪事來日本。今次聞以調查銀行事來者。某銀行主謀占此一宗好生意。饗之於神戶舞子濱。是日大開筵會。招名妓三十八侑酒。席間履舃交錯。杯盤狼籍。妓不能華語。各欽差又不能日語。則以繙繹官通之。聞此筵計費三千金云。或問各欽差滿洲事件。欽差曰。此外

時評

國與外國人開戰何與我家事或啞然余謂此何足異果知之吾威海衛大連灣膠州九龍諸地何至讓與外人耶朝割一地焉夕讓一地焉中國十八行省値得幾次送禮嗚呼數年以往吾不知中國十八省地圖果以何顏色渲染之書至此吾心爲之悸

四民公會

吾中國有最可悲可痛之一事則以士爲四民之首又不能自成一社會而又與他社會離而絕之若判天淵而不可合故日日言社會改革言社會發達而終無效

而不料中國曠古未聞之四民公會竟堂堂成立于今日之海上近年以來海上志士已紛紛散之四方自去年中國教育會成立漸露頭角而愛國女學校而愛國學社蓬蓬勃勃駕舊觀而上之迄于今歲乃有廣西電爭之役有東三省電爭之役終以限於士流力量未充于是本埠紳商有四民公會之議一時願簽名者殆二千人四月四日乃布文啓及簡單公約數款繼又謀設一議事廳以爲代議部之機關且又謀設一中學校以爲敎育部之見習近聞已租定某地房屋爲議事所其發起及主持者爲廣東馮鏡如君君素爲南洋富商領袖群流則人易集振衣千仞則財易聚國民進步當於是焉覘之

比來內政外患之日日衝擊于國民之腦中者殆如電線交錯息息而不得停茲會之設則又如電信局之總滙國民之機關在是矣而又自士社會以待合于其他種種各社會以造成一致之精神與一致之風氣則又所謂國魂也記者於是乃投筆西向祝四民公會萬歲

黨禍又作

自戊戌庚子至今忽忽又四歲政府悲刀斧之寂寥懷鐵血今已昔將以留學生所組織軍國民敎育會事以聊試其霍霍殺國民之屠刀

自東三省事急留學生之在東京者組織學生軍電告政府其旨謂俄事急當出發前敵時有滿人某則電達北京謂此次學生軍皆係漢口餘黨非實爲拒俄來也已而特派員鈕君永建湯君槱出東京道滬往天津已成行矣駐日淸公使蔡鈞乃以電告湖北端方略謂庚子之亂以勤王爲革命此次則以拒俄爲革命日日在東京練軍禍且不測端方懼以此照會于各督撫令所在緝拏袁世凱則又以軍國民敎育會隊長藍天蔚奏達北京近數日內地風鶴警報儼如革命軍之已至

政府將以能殺志士爲能事乎爲殺一足以儆百乎則戊戌以後何以有庚子庚子以後何以復有今日國民者非刀鋸之足畏而文告之足懾也其受禍益迫者其產生益速而其權謀智力又益勝故處于今日之政府而欲以殺人嚇國民是人也吾謚之曰大愚

◎外國之部

列國東洋艦隊數

二十世紀有至難解決之一事則東洋問題是也其間俄日兩國固爲不相承讓之好敵即歐美各國亦莫不

時評

注意于是据日本最近調查而得列國艦隊數如左。

（一）英國艦隊

戰鬭艦四隻　裝甲巡洋艦二隻　巡洋艦九隻　驅逐艦九隻　海防砲艦九隻　水雷艇二等三等九隻

此外又有小砲艦河用砲艦合計十一隻倉庫艦一隻

（二）俄國艦隊

戰鬭艦八隻　裝甲巡洋艦四隻　巡洋艦八隻　砲艦二隻　驅逐艦十八隻　海防艦砲艦十隻　水雷艇十一隻

此外尙有水雷敷設船二隻特務船數隻。又于旅順尙有驅逐艦七隻水雷艇十五隻均方建築云。

（三）日本艦隊

戰鬭艦六隻　裝甲巡洋艦六隻　巡洋艦（廿節以上）四隻　又（十六節以上）十二隻　砲艦（廿節以上）二隻　驅逐艦十五隻　裝甲海防艦二隻　海防艦砲艦十七隻　水雷艇一等二等三等合計八十五隻現今建築之數含此數內。

（四）美國艦隊

戰鬭艦二隻　巡洋艦二隻　裝甲海防艦二隻　海防艦及砲艦七隻

此外尙有劣等之小砲艦十餘隻及炭水糧食之輸送船數隻

（五）法國艦隊

裝甲巡洋艦二隻　巡洋艦四隻　驅逐艦一隻　裝甲巡海砲艦二隻　海防艦砲艦五隻　水雷艇二等三隻三等五隻

此外有屬於東洋艦隊司令長官之麾下所用砲艦河用砲艦合計十九隻又運送艦四隻

（六）德國艦隊

裝甲巡洋艦一隻　巡洋艦六隻　驅逐艦二隻　海防砲艦四隻　又河用砲艦二隻

嗚呼。列國于東洋艦隊之隻數如此。而猶日日議海軍擴張其間最注意是者。則莫如俄日兩國。俄于光緒三十一年將有一萬二三千噸之戰艦六隻依于近日新聞則有一萬六千噸之戰鬪艦三隻尙在製造故于光緒三十一年以後。則有七八萬噸于光緒三十三年以後則有十二三萬噸日本則以海軍擴張案已付議會議決。迄于光緒三十九年。可加入新擴張之軍艦八萬餘噸而中國則自甲午一役海軍盡殲立于二十世紀之舞臺而海權不伸則帝國主義莫由發達而民族亦終不可振中國今日其財其力雖萬萬不能言是然國防則固繫是矣而所爲乃若是嗚呼以如是國而求立于世界競爭之中心知必爲列强所仆矣瞻望前途憂曷有極。

時評

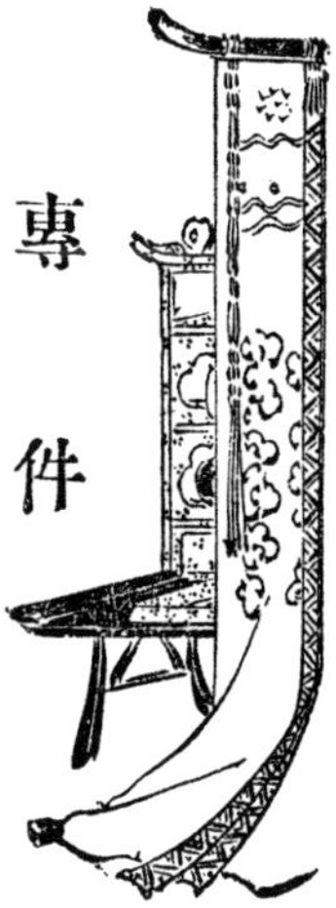

紹興教育會章程

第一章　總則

第一條　本會以紹興全府人民教育普及爲目的

第二條　本會以達前條之目的而籌定教育法程及事務法程經決議公布後全會一體依此法程而行即以力副此法程爲全會會員之責任

第三條　依前條所籌定之法程如中途有所斟酌損益以會議決之

第四條　依第二條籌定法程而施行教育及事務時其各項規則亦以會議決之

第五條　本會設本部於郡城設支會於各縣及外省都會商埠凡同鄉人流寓之地

事件

第二章　會員

第六條　凡紹興人之認可入會在先之會員所已經決議之章程法規者皆得入會爲會員惟須有入會在先之會員一人介紹
第七條　凡入會時須送志願書於本會由本會給以證書
第八條　會員無論在本部或支部入會其權利義務相等
第九條　凡會員入會時當量力捐貲於會中曰創捐無定額
第十條　凡會員須量力捐納會費按月分捐以每月三角爲最少之額
第十一條　會員除上二條之例捐外有隨時捐助會欵之責任
第十二條　會員有爲會中籌欵之責任
第十三條　會員有傳佈本會意旨募集會員之責任
第十四條　會員須量力效勞於會中如會中職員因公務而有所委托時應協力助之
第十五條　會員月捐如果無力繳付者由會員一人之協同告於本會立輟捐請

願書於會中可删除若干個月之捐費期滿復捐

第十六條　會員有不合於本會之事或願出會者須陳明意見於本會但不能索還其所捐之欵

第十七條　會員有不合於本會之事經會員提議由會中决議而除名者亦不能償還其所捐之欵

第三章　職員

第十八條　本會依職員所定法程規則而公舉職員其人數名目義務權利任期於法程及規則內定之

第十九條　職員之任事須依會中所定之法程及規則而行未盡事宜職員得依法程及規則之意旨而行之

第二十條　職員未滿任期而有更任兼攝罷職之事者須經會中之議决

第四章　經費

第二十一條　本會之經費依第九條至十一條而募集

事件

第二十二條　本會應用經費依法規之所定而出之

第二十三條　依法規所定而有所增減損益以會議決之

第五章　會議

第二十四條　會中每月第一星期開常會一次每年七月朔日開大會一次常會於本部及各支部分別行之大會合本部及各支部而行之

第二十五條　會中應定規則由所任之職員提議

第二十六條　凡會員有所提議或識員而於其任外之會事有所提議須經會員二人之協賛

第二十七條　提議各事須先具草交於會中或在會中演說其意恉

第二十八條　會中有提議之事由職員將其提議文件通知本部及支部

第二十九條　凡會員提議或與議無論在本部支部均一律而無岐視

第三十條　凡提議之規則事件由會員詳書意見各定可否合本部支部彙計而依其多數者爲決議

第三十一條　無論常會大會依多數決議即以到會之人數爲準因事故而不與會者不計

第三十二條　依多數而决議之事件全會即一體承認

第六章　附則

第三十三條　右章程所列之各項其未盡之義以法程及規則定之

第三十四條　右章程俟第一次大會後修改施行

教育法程

第一章　創立中學校

第一條　中學校舍已將郡城能仁寺修葺借用如有未敷可另營寄宿舍於近處校中職員已由會員公舉經理一人議員十人其規則大畧亦經議决

第二條　校中學科爲心理倫理教育國文歷史地理理化博物算學英文東文體操其組織之法由校中職員及教師定之

第三條　校中購置書器修理校舍製備校具約以銀千元爲率

事件

第四條　校中募集普通科學生六十人須文理淸通年在十四歲以上者依第二條所列各課講授兩年卒業

右學生每人每月收膳金三元雜費一元學費一元

第五條　校中增設專修科學生四十人須有門徑年在二十內外者分五門研究之曰心理倫理國文曰歷史地誌曰理化算學曰博物算學以上四門皆須習東文及敎育學餘一門爲英文及體操應選取已讀英文三四年之人就學專授外國語之學校皆兩年卒業

右學生每人每月收膳金三元雜費一元不收學費

英語專修之學生每月約須遊學費銀七元除本人自出四元外每月貼學費銀三元

第六條　校中延敎師五人任敎授普通科學生幷指導專修科學生敎師照上條分門延請有應變通之處由校中職員酌定敎師修膳以每人每月二十元爲率其中增損由校中職員酌定

第七條　校中經費分爲開辦費校中雜費教師修膳費三種校中雜費卽由學生所收雜費內開支隨學生之多寡以爲增損教師修膳計每年一千二百元如普通科學生足額可收入學費七百二十元尙不足四百八十元英語專修科八人月貼學費三元每年計貼二百八十八元照右核計會中應貼開辦費千元常年費七百八十八元如學生不滿額時尙須增加

第二章　創立小學師範學校

第八條　校舍由就地借用公屋校中職員由會中公舉

第九條　校中研究之事分三種一小學教育管理之法二普通中學各科之大意三以關於德育知育之演說開通平民

第十條　校中購置書器修理校舍製備校具以銀八百元爲率

第十一條　校中募集學生六十人須年在二十內外畧有學問有志教育者依第九條所列研究一年卒業

事件

師範生每人每月收膳金三元雜費一元

第十二條　校中延教師三人指導研究之事而訓練之

教師修膳以每人每月二十元爲率其中增損由校中職員酌定

第十三條　校中雜費準第七條

教師修膳每年應貼銀七百二十元

照右核計會中應貼開辦費銀八百元當年費銀七百二十元

第三章　增設小學校

第十四條　一年以後小學師範生卒業分往各地設立小學校

第十五條　校舍準第八條職員即以教師任之會中臨時派視學員考驗教科

第十六條　校中購備校具修理學校舍以銀二百元爲率

第十七條　募集學生每校六十人年在十歲內外四年後卒業學生皆不寄宿每年收學費銀八元

第十八條　每校教師三人除教授學生外隨時集平民演說教師修膳每人每年

以一百六十元爲率

第十九條　校中常年經費如學生足額時可無須津貼

照右核計會中每增設小學校一所應貼開辦費銀二百元常年費不必津貼如學生不足額時應另籌津貼

專件

文字收功日

全球革命潮

雜錄

二種

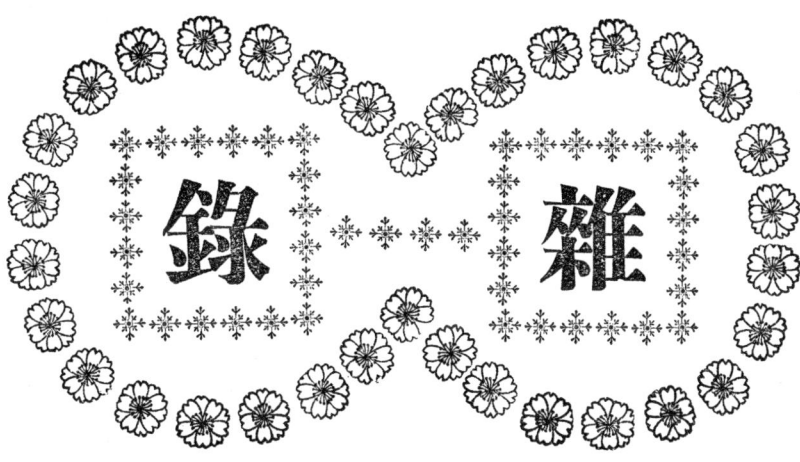

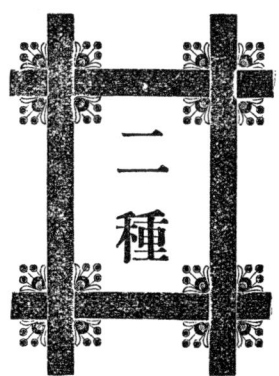

湖北學生界

第五期目錄

定價

◉半年一元一角
◉全年二元
◉零售二角

郵費另加

總經售處

上海國民叢書社
武昌中東書社

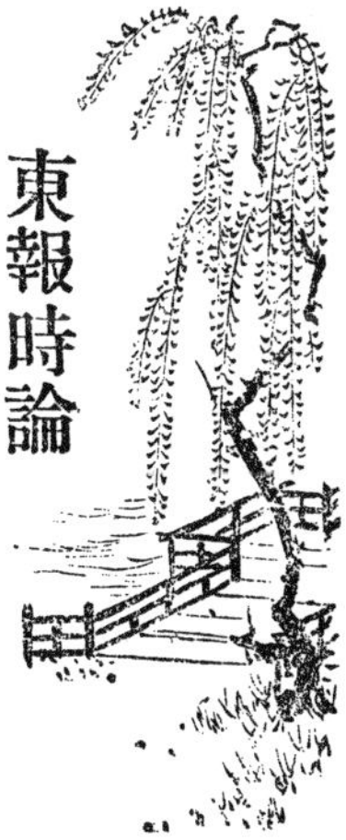

東報時論

●滿洲問題與列國之輿論

自滿洲之問題起。而歐美新聞論列國之對于滿洲者。不一其議。今特擇其大略。以紹介于我國民。

我國之對于滿洲也。或用詐僞。或用冷酷。或用攻擊。種種手段。各新聞異口同音。然當時之態度如何。請略說其區區。

俄國布設西伯利亞鐵道以來。英國人自老叟以及少年。無不洞知俄國之野心。獨不料支那人竟忍于俄國所爲若是也。使非有日英美三國强硬之反抗。則固不能打破之。至于德法各國。其包藏野心。不可倚賴。則又英國人之所早信者也。故近日各新聞紙無不竭力攻擊政府。責其對于支那政策之軟弱。若一旦滿洲列入俄國版圖。則英國亦必欲得相當之代償云云。若日日新聞。論美國要求滿洲之自由港。而于俄國反對之事則曰。此彼等之爭鬭。非吾人之所關。吾于亞細亞而與俄國妥協。此乃吾人之利益也。若俄國于印度而不妨我則我以滿洲讓與俄國亦無害云

司丹大得新聞所主張意見頗强硬其言曰俄國若眞欲占領滿洲則不可不抵抗以最强硬之手段而勿輕過之也云云

德視俄國之行動若出以當然各新聞紙之輿論皆冷冷淡淡如若無其事且二年前皮劳伯己公言德國于滿洲毫無利害之關係故爾來德國輿論亦常言滿洲無關係云云

夫欲使德國而與列强壓迫北京政府使其拴俄國之野心則德國决不爲之德國各新聞皆豫言日英美之抗議惟以艷麗的答辭待遇之而已

美國之論滿洲問題也似有失望之意似有倦于保全支那之責皆謂滿洲之地恐不能爲支那之滿洲也云云

美國于要求俄國與列國通商滿洲一事以爲非所希望

美國各新聞論支那前途甚爲悲視謂將來德國之于山東法之于南淸亦將用俄國今日施于滿洲之手段無所忌憚云云

●俄美於滿洲之競爭

俄國占領滿洲之野心久己暴露前因撤兵延期要求七約遂驚動天下人之耳目英美日三國起而抗爭繼又有三日迫限之事蓋俄國人向以恐嚇迫脅之政策覬覦滿洲今西伯利鐵道告成而於商業軍事上均有

極大之關係。今次之事。三國出而干涉。彼乃一變其強暴侵奪之格。而趨于商業界矣。夫俄人制清有餘。拒外不足。今既挫于三國。不得遂其虎狼之欲。設一旦領有其土。列國亦將演行豆分豆剖之慘稿。東洋商業之上。必蒙大損。而論其得失受害之甚者。則莫如美國。

美國于東洋之勢力不甚強大。獨于滿洲之商務。超過列強之上。今見俄人之舉動。深有礙于商務之發達。故汲汲聯合英日。主持開放之說。以維持商務擴張勢力。蓋滿洲之于美國。實爲支那沿岸之最近者。往來輸送較他埠爲便宜。且鐵道橫貫歐亞二洲。滿洲尤爲萬物薈萃之所。斯固商業繁盛之要樞也。縱使俄國利用其西伯利亞鐵道。而非採用專制政策。則萬萬不能與美敵也可知。

于事實上論之。西伯利亞鐵道。猶未能與俄國對敵歐洲之利益。俄國輸送商品于支那時。不甚緊急。蓋支那商業尚未發達。不能自行製造。故貨物多以海路輸運。由海路運送。則比之鐵道運送。其價不過半額。而由海運至滿洲。不由桑港運送。其價且更廉。

然俄國猶用其從來獨得之手段。彼于滿洲商業上。與美國試其競爭。毫無忌憚。據英國某新聞言。昨年俄國商人見美國綢緞布疋等輸入。行銷甚廣。乃遂製造模倣品。其式無不取法美國。而自俄人批賣。比美人之價更廉約八折半云云。

俄國之木棉類製造品。萬不能與美敵。且自俄國運至滿洲。較之美國運費。其數較鉅。而俄國商品乃能較美國尤廉。豈不可怪乎。豈俄商自甘居于損失者乎。今夫遠行萬里。其日日孜孜而不甘居於損失者。固不待言。

雜錄

顧乃不惜重資損利益害以與美人競爭其必有一原因在歟原因者何曰政府補助其力以擴張商務以拒絕美人是也至于俄國政府竟擲莫大之資以傾設美國之商品其意豈不艱險乎哉

然俄人排斥外國商品之手段。亦非至奇。波旣支給砂糖之保護金。以廉其價其較外國商品。殆僅半額。此尤其章明較著者也。

雖然彼不獨于商業上爲然也更將用其他手段以驅除美國之商品他手段者何滿洲之事實的占領是也彼逼迫支那。放棄滿洲條約。封鎖滿洲之港灣欲以斷美國商品之輸入。于是徐展大欲以占領滿洲庶可以避物議免干涉而實行其志望是豈抑俄國所對于從來視爲親友之美國之外交政策乎抑當列强環視之間誓約遵奉開放門戶主義之故乎嗚呼今次俄國之舉動實不得不謂咄咄怪事矣。

●論俄國半官報之暴論

諾威烏倫者。俄國之半官報也。于四月二十九日之社說大聲放言曰。『謂我國公使提出八條條約。以要求于清廷此乃全然無根之揑說也而今日英兩國據如此無根之說欲容喙于淸俄交涉之間則俄國亦不能撤滿洲之兵也』云云。

異哉已先破公約以挑發他人之反抗使他國不得已而責其食言乃反利用其態度以爲違反條約之口實嗚呼此俄國之慣用手段也而此次關于滿洲問題又將用此手段乎

諾威烏倫新聞。冷笑英國諸新聞徒信捕風捉影之說以激昂也。且曰。

『然則果有事起乎。果與英人所以巧辭而描之事合乎。路透社或泰晤士社之北京通信員知之。實未有其事也。

不過據彼等通信員之電報。俄國不過僅欲確保自千九百年以降于滿洲所獲之權利。俄國要求之風說。一旦流傳北京。日英兩國公使遂反對俄國之要求。慫慂于慶親王。欲一變滿洲之狀態。復千九百年之情狀。且日英兩國。示有不忍俄國既得之權利之意。』

云云。俄國公使提出要求清廷之條件。洞若觀火。無論如何。欲謂全然無根之捏說不得也。彼所謂『確保千九百年以降于滿洲所獲之權利』者。果如何之權利耶。果如何確保之耶。況自團匪擾亂以來。以迄昨年滿洲條約。清廷未有與絲毫權利于他國也。然則俄國又從何而獲得乎。即有所獲。其必以強權奪之無疑矣。況當北京事變時。列國曾相約以警曰『乘團匪之亂。以強權要求特別之權利。則當出相當之償金』是件為各國所公認者也。而當時俄國非其一乎。

滿洲條約之結訂也。皆各國認之以特別地位者也。此條約既訂。俄國有履行此公約之義務。無確保之權利。即此條約外。亦無要求之權利也。

今俄國自挑發列國之反抗。而逆用其反抗。以為不撤兵之口實。其暴慢之極。一至于此。嗚呼。是而可忍。孰不可忍耶。東亞風潮。日益澎湃。吾輩雖欲弭之。而勢有所不能矣。嗚呼。

雜錄

留學界記事

記軍國民教育會

陽歷五月十一日會議于錦輝館。公推謝君曉石爲臨時議長。董君鴻禕、蒯君壽樞、貝君均、爲臨時糾議員。議決軍國民教育會規則。

軍國民教育會規則

第一章定名　本會名軍國民教育會

第二章宗旨　養成尚武精神實行愛國主義

第三章會員

一會員以留學生中同志者組織之

二名譽贊成員以援助本會之官紳商組織之（或爲本會盡力或助本會經費）

第四章職員及選舉法　本會職員分平時臨時二種

一平時職員如左　（甲）教員（無定員）　（乙）事務員（經理員四人書記員三人會計員三人運動員無定

雜錄

數）（丙）執法員三人（丁）職員長一人

二臨時職員如左（甲）特派員（員數臨時酌定）（乙）教員（臨時教員亦無定數惟得變通其名稱如隊長區隊長之屬）（丙）事務員（種類如平時惟得隨事之大小酌量添舉）（丁）執法員（員數臨時酌定）（戊）職員長一人

教員不限會員由會中公請

特派員事務員及執法員皆由衆投票于會員中公舉惟運動員用推舉自認公認三法

職員長由職員中推舉

職員任期以半年爲率連舉連任

第五章會員之責任

一會員當確守本會宗旨擴張本會事業負保全國土扶植民力之責

二會員遇國事危急之時有遵依宗旨擔任事務之責

三會員有互相親愛互相教學互相規勸之責

四會員有調查內地情形及聯絡他種團體（惟以與本會同宗旨者爲限）之責

第六章會員之權利

一會員皆有議事決事及選人被舉之權

二會員皆有查究會務及質問職員之權
三會員皆有受會中保護援助之權
第七章入會請假除名
一有志入會者須由會員介紹開會時經衆公認方得入會
二會員如有不得已之事故可申明理由向書記員請假
三會員有犯本會公約者可由執法員提議除名由衆公决
第八章課程　課程計分三部
(甲)射擊部(打靶擊劍)　(乙)體操部(普通體操兵式體操)　(丙)講習部(戰術軍制地形築城兵器)另有時間表
第九章經費
一義務捐　會員月輸義務捐四角
二特別捐　會員於月捐外有加捐或海內外紳商有樂爲提倡捐助者統作爲特別捐
義務捐於每月開會時各交會計員募集特別捐爲會計及運動員之專責惟會員亦各有勸集之義務
第十章會議　會期計分二種
(甲)經常會期　會員大會每月一次職員會半月一次　(乙)臨時會期　遇有要事得開臨時大會或臨時

雜錄

職員會會期由書記員先時函告或由通信員馳告（事急時添舉書記專司報告即名通信員）

第十一章附則

一本公約以會員公決後爲寔行之期

二本會各約章以半年爲改訂之期但遇有要事得隨時公議修改或另訂臨時公約

三本會事務所暫設日本東京神田區駿河臺鈴木町十八番地清國留學生會館內

附臨時公約

一此公約之目的在拒俄

二本會會員當服从公約犯者由執法員提議公決處罰

三本會會員當振作精神執行義務所定時刻（會員操演時刻及職員治事時刻）到會違者由執法員提議公決處罰

四本會會員當互相親愛見同人過失可隨時當面規勸不得膜視亦不得腹誹背後譏誚

五本會會員遇有患難當竭力互相保護救援

六本會會員當有事時不得無故喧擾宜有整齊嚴肅氣象

七本會會員遇危急時不得意存退避故意巧言阻撓致惑人心犯者公議處罰

八本會會員當堅宗旨勿爲他人淆亂本意

丸未出發之前當時時警戒整肅不可以時優勢緩意存怠忽

十有出發之期當一致勇於前進不得意存畏葸貽誤大局

十一此公約既經公認執法員依此施行當嚴行查究不得玩視

議畢皆呼軍國民育教育會萬歲

五月十四日特派員鈕君湯君由橫濱乘博愛丸出發。先往上海。轉往天津。一日(即十三日)上午浙江開同鄉會以送湯君。江蘇開同鄉會以送鈕君。下午軍國民教育會會員皆集于會館以送二君。先撮影。次由葉君瀾等致送別詞。次由鈕君湯君致答詞。(詞皆略)語畢。會員呼鈕君湯君萬歲。鈕君湯君呼軍國民教育會萬歲。中國萬歲。是晚由汪監督處送來管學大臣張電文。照錄如左。

請轉告學生庚電悉俄約政府方堅拒生宜壹意科學報國之日方長斷不可輕于一試百熙銑

十七日開會于清風亭。公推葉君瀾爲臨時議長。是日議决自治公約。(公約略)及會員習課之班次時刻。

記留學女生擬創赤十字社之緣起

陰歷五月初九日女學生七八赤十字社篤志看護婦會功課開始。日本皇族貴族甚歡迎之。其功課每月例課二次。(四時)特別演習一次。雖皆乘學課之隙以從事。然甚踴躍甚鄭重也。並上書於貝子載振。請極力提倡。其書錄如左。

雜錄

日前晉謁得領敎言以弱質愛國之忱荷朱邸優渥之賜感極而奮不知所云邇者在東留學生以俄約日迫一時忠憤誓爲鬼雄已設立軍國民教育會練習體操講求戰術一有戰事志在効國某等亦吾國之民宇寅一蒼赤無一業之建樹是自外於生成安怪數千年來女權之摧踐凌遲以至於今日也當俄約警報遠於東京留學生等曼憂過慮以爲北方即有血戰僉欲尅日歸國自効戎行某等佗傺無訴爲母國垂亡同胞且殲弱質女子生復何益故亦公議隨軍北征軍中之事雖不克任而裹傷收死縫紉具食或能爲之即不得己邂逅死所附於國殤亦足以塞天下女子之責矢心若此未敢少渝日來各報所載俄國以我政府之拒稍稍自戢吾國或籍此得乘旦夕之安奮發淬厲以圖自振學生等尤當因是以蓄七年之艾力學積健以期有爲此留學生等軍國民教育會設立之旨而女學生等赤十字社看護婦與會之因也查各國赤十字會之設其宗旨爲大同爲博愛戰地療傷無分敵我而仁術之所自擴無不由於一二愛祖國眤種族之士女挾其親親之心以爲博愛之本奈丁格爾Nightingole英國之女子也以英法攻俄之故馳赴戰地療卹死傷卒爲今日各國赤十字會之嚆矢日本博愛社、赤十字會之先聲也以鹿兒戡亂之故隸於軍醫從事救護卒基明治二十年日內瓦府之同盟惟其以英人急英國之患日人卹日本之灾也故其惻隱之心持之愈貞推之益廣乃克底於博愛大同之域列於涂南條約爲萬國之所公認（涂南瑞士人掇立赤十字社者歐人稱赤十字會條約爲涂南條約）是以無論何國苟欲與於日內瓦列國之盟者必首樹其母國仁聞之幟此其公例萬無可越而某等所爲切傷深慜而有所望於我君相我國民者也戊戌之歲大阪商人孫淦嘗編述紅十字會說畧一卷言『地球萬國猛鷙如土耳其褊小如暹羅皆已締約獨朝鮮與我未與萠盟』今距孫淦編書之歲纔五年而朝鮮亦踵起萠會列於涂南泱泱大國顧朝鮮暹羅之不若乎營口之役日本設立病院吾國軍士傷者病者轉蒙其澤此寔吾人之羞吾國仿効西法垂數十年船塢礮廠歲有所築雖屢經挫衄仍不惜鉅帑以經營之至於救災邺鄰萬國共行之仁政獨退讓隱忍而不敢任是班孟堅所謂敢於殺人而不敢於生人者也能無恫乎孫淦又於光緒二十三年在東京稟請欽差出使日本大臣裕欲至中國各地捐集鉅資試辦此會懇由裕大臣咨明總理衙門代奏奉批紅十字會西人謂之 RedCross Society 拯災濟衆最稱善舉本大臣亦曾目覩該商所稟各節具見存心利濟惟善舉之設事出衆擎允准之權應聽政府仰候據情咨請總理衙門核奪可否遲速應俟覆到之日再行飭遵某等因輾轉數年吾國士女無有繼起而道之者庚子之變畿輔一帶積屍如邱流血成渠癉疫死傷復不能不攀援哀號待救於敵國之軍醫凍餒顚躓又不能不匍匐累欷受拯於强鄰之厚施苟孫淦之說見諸實行則近畿之民尤多所存活至今言之猶有餘痛焉日本赤十字會年開大會一次某等在東目覩其盛開會之日帝后親臨會中厚錫資財即泰西各國提倡斯舉皇室政府無不與者某等不敢不以善國之帝后以望　宮闈尤不敢不以强國之設施以責政府　諄諭懇切允爲代奏具見仁民愛物不讓東西諸賢王惟風氣未開衆擎匪易非得朝廷倡率之力不足以振全國好義之氣惟　殿下有以扳起而規畫之茲謹抄錄日本赤十字會章程及日內瓦條約另摺具呈伏乞　代奏并懇　勅令各省勸諭紳富協力贊成

某等已入日本赤十字社篤志看護婦會研究看護之法苟有所得不辭勞瘁當竭誠爲効一面且布告國人苟有好義識時之士聞風而起者　朝廷當有以奬勵之幸甚不宣

記聯隊生劉君某被辱及成城學校諸君公憤事

陰曆五月十七晨成城學校得劉君某自訴書曰

五月十五日晚近衛步兵第三聯隊第二中隊長西鄉大尉呼余偕往散步余視彼面帶猙容遂拒之（中畧）余之旁岳君某某在焉西鄉大尉謂岳曰爾學陸軍何意岳以爲國等語答之彼復問曰爾何不去辮髮岳即以旁言了之彼又紛紛不已以日清戰爭等語譏刺（中畧）後岳君去西鄉大尉即以手挽余臂作種種不堪語（下畧）

成城學校諸君得此函群起停課每班擧代表二人赴汪監督處請向日本政府責問其事謂吾中國人爲留學而來非娼優可比日人不得以無禮待吾學生

十八日上午成城學校監督演說

劉君某事與諸君無涉諸君不得如兒戲須從速上課守學校規則蓋諸君刺刺不已余實不知諸君之果有何意也（下畧）

監督演畢成城學校代表人答辭

(上畧)學校規則生等無不守之理然劉君某々亦留學生也生等不得不干涉且此事與敝國學生體面大有關係(下畧)

答辭未畢監督卽去成城諸君乃自立公約曰頃覩監督似藐視學生吾等須思處置之法今日旣不上課吾等須守學校規則不得在外喧嘩並須照常在房自脩至此事之交涉應請代表人任之然代表人欲赴他處亦須向監督請假庶外人知吾等之舉動並非若兒戲也

當日下午汪監督自參謀本部得回音錄於下

(上畧)貴國派遣留學生留學敝國原以兩國邦交彼此親睦起見現在貴國學生畢業回國已不尠其人敝國未嘗慢待學生此次學生如必剌々不已請貴國以後可不必再派學生且敝國古來素有此風自明治維新後示禁止然至今終未盡除也(中畧)聯隊中彼此嬉戲亦常事耳與諸君實無所關係(下畧)

成城學校諸君聞之憤極中國派學生留學爲日本之文明也日人竟敢以野蠻待吾娼優視吾則吾等又何面目復留學乎且此次如糢糊了事則將來日人視吾學生更不知至何地位遂各議退學並告日政府此事乃學生等之公憤不忍以娼優自待至於兩國政府各無干涉也

十九日上午成成學校監督偕參謀部翻譯員來演說錄下

(上畧)聯隊生劉君事乃彼一人之交涉與諸君無關(中畧)此事愈弄愈大非貴國之欽使不能辦況此事若至弄大之後恐有關於國際如諸君不欲弄大則請即日上課任彼一人交涉則此事即好了結也

（中畧）最好請即日上課。或明日。不然監督自有辦法。諸君其重思之。勿貽後悔也。今日本監督且不欲聆諸君言。請各歸自修室。（下畧）

監督演畢成城諸君之代表人乃向翻譯員曰。

（上畧）如監督必不欲聽生等言。則生等明日萬無上課之理。況此事不惟敝國人所不能堪。即反之於貴國。亦恐不能堪。試問貴國數年前爲一婦人赴美洲被美人受辱事。貴國留學生及商人大憤。公致電於貴國政府。後經美人謝罪。事始了結。今劉君留學生也。豈貴國婦人之不若。生等復何面目再上課乎。非故事喧嘩。實無面見貴國人也。

翻譯員曰。監督已向諸君說過。不欲聆諸君言。如必刺々不已。則請諸君之便。且監督曾云明日自有辦法請各歸自修室。其細思之。（下畧）

成城學校諸君至此時退學事遂決。一面派人到汪監督處。請向參謀部辭決。並白此事乃學生等之、憤與兩國政府俱無關係。一面南北洋官費生擬致電（尙未發）於南北洋各大臣。陳其始末。

下午五點鐘。汪監督自參謀部回而言曰。諸君且少留。參謀部有挽回之意。並有意見二條。諸君如以爲然。即由此了結。否則參謀部云。他事萬々做不到。（錄下）

一命西鄉大尉復至劉君處謝罪。

一命西鄉大尉赴汪監督處謝罪。

成城學校諸君。見事已如此。遂經公衆議決。允照第二條辦法。次日汪監督偕參謀部員至成城學校。向監督說明。並囑諸生照常上課。

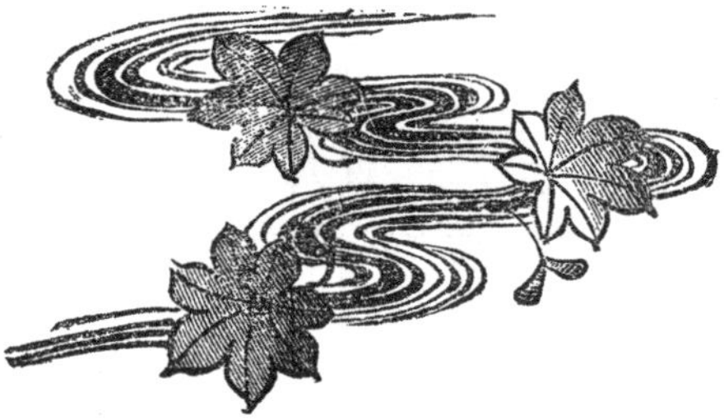

雜錄

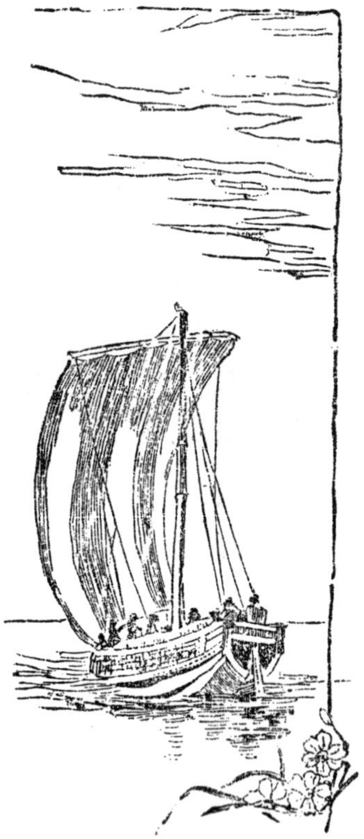

斯巴達之魂

自樹

西歷紀元前四百八十年。波斯王澤耳士大舉侵希臘。斯巴達王黎河尼佗將市民三百同盟軍數千。扼温泉門。（德爾摩比勒）敵由間道至。斯巴達將士殊死戰。全軍殲焉。兵氣蕭森。鬼雄晝嘯。迨浦累皆之役。大讎斯復。迄今讀史。猶懍懍有生氣也。我今掇其逸事。貽我青年。嗚呼。世有不甘自下於巾幗之男子乎。必有擲筆而起者矣。譯者無文。不足摸擬其萬一。噫。吾辱讀者。吾辱斯巴達之魂。

依格那海上之曙色。潛入摩利遜之灣。衣馱弟一峯之宿雲。亦冉冉呈霽色。灣山之間。温泉門石壘之後。大無畏大無敵之希臘軍。置黎河尼佗王麾下之七千希臘同盟軍。露刄枕戈。以待天曙。而孰知波斯軍數萬。已乘深夜。得間道。拂曉而達衣馱山之絕頂。趁朝暾之瑟然。傸守兵之微睡。如長蛇赴壑。蜿蜒以踰峯後。

旭日最初之光綫。今也閃閃射壘角。照此淋漓欲滴之碧血。其語人以昨日戰爭之烈兮。壘外死士之殘甲。累累成阜。上刻波斯文『不死軍』三字。其示人以昨日敵軍之敗績兮。然大軍三百萬。夫豈懲此敗北。夫豈消其銳氣。噫嘻今日血戰哉。血戰哉。

黎河尼佗終夜防禦。以待襲來。然天旣曙。而敵竟杳。敵幕之烏。向初日而噪。衆軍大懼。而果也斥候于不及防之地。齎不及防之警報至。

有奢剎利人曰愛飛得者。以衣馱山中峯有他間道告敵。故敵軍萬餘。乘夜進擊。敗佛雪守兵。而攻我軍背。

咄咄危哉。大事去矣。警報戢腦。全軍沮喪。退軍之聲。囂囂然挾飛塵以磅礴于軍中。黎河尼佗爰集同盟將校。以議去留。僉謂守地旣失。留亦徒然。不若退溫泉門。以爲保護希臘將來計。黎河尼佗不復言。而徐告諸將曰。『希臘存亡。繫此一戰。有爲保護將來計而思退者。其速去此。惟斯巴達人有『一履戰地不勝則死』之國法。今惟決死！今惟決死戰！餘者其留意』

於是而胚羅蓬諸州軍三千退。而訪嘻斯軍一千退。而螺克烈軍六百退。未退者惟刹司駭人七百耳。慨然偕斯巴達武士。誓與同生死。同苦戰。同名譽。以留此危極淒極壯絕之舊壘。惟西蒲斯人若干。爲反復無常之本國質。而被抑留于黎河尼佗。

嗟此斯巴達軍。其數僅三百。然此大無畏大無敵之三百軍。彼等曾臨敵而笑。結怒欲衝冠之長髮。以示一瞑不視之決志。黎河尼佗王。亦于將戰之時。毅然謂得『王不死則國亡』之神誡。今無所遲疑。無所猶豫。同盟軍既旋。乃向亞波羅神而再拜。從斯巴達之軍律。輿櫬以待强敵。以待戰死。

嗚呼全軍。惟待戰死。然有三人焉。王欲生之者也。其二爲王戚。一則古名祭司之裔。曰豫言者息每卡。而嚮以神誡告王者也。息每卡故侍王側。王竊語之。彼固有家。然彼有子。彼不欲亡國而生。誓願殉國以死。遂侃然謝王命。其二王戚。則均弱冠矣。正撫大好頭顱。屹立陣頭。以待進擊。而孰意王召之至。全軍肅肅。謹聽王言。噫二少年。今日生矣。意者其雀躍返國。聚父母親友。作再生之華筵耶。而斯巴達武士。豈其然。

小說

噫如是我聞而王遂語且熟視其乳毛未褪之顏。

王『卿等知將死乎』少年甲『然陛下』王『何以死』甲『不待言戰死!! 戰死!!』王『然則與卿等以最佳之戰地何如』甲乙『臣等固所願』王『然則卿等持此書返國以報戰狀』

異哉王何心乎青年愕然疑肅肅全軍諦聽諦聽而青年恍然悟厲聲答王曰『王欲生我乎臣以執盾至不作寄書郵』志決矣示必死矣不可奪矣而王猶欲遣甲。而甲不奉詔欲遣乙而乙不奉詔曰『今日之戰即所以報國人也』噫不可奪矣而王乃曰『偉哉斯巴達之武士予復何言』一青年退而謝王命之辱飃飃大旗榮光閃灼於鑠豪傑鼓鑄全軍諸君諸君男兒死耳

初日上征塵起睜目四顧惟見如火如荼之敵軍先鋒隊挾三倍之勢潮鳴電掣以陣于斯巴達軍後然未挑戰未進擊蓋將待第二第三隊至也斯巴達王以斯巴達軍爲第一隊刹司駭軍次之西蒲斯軍殿策馬露刄以速制敵壯哉勁氣亘天唆烏退舍未幾惟聞『進擊』一聲而金鼓忽大振于血碧沙晶之大戰鬭場裏此大無畏

大無敵之勁軍。于左海右山。危不容足之峽間。與波斯軍遇。吶喊格擊。鮮血倒流。如鳴潮飛沫。奔騰噴薄于荒磯。不刹那頃。而敵軍無數死于刃。無數落于海。無數蹂躪于後援。大將號令。指揮官叱咤。隊長鞭遁者。鼓聲盈耳哉。然敵軍不敢迎此朱血塗附。日光斜射。愈增燿燦。而霍霍如旋風之白刃。大軍一萬。蠢湧至矣。然敵軍不能撼此擁盾屹立。士氣如山。若不動明王之大磐石。

然未與此戰者。猶有斯巴達武士二人存也。以罹目疾故。遠送之愛爾俾尼之邑。于鬱鬱閒居中。忽得戰報。其一欲止。其一遂行。偕一僕以赴戰塲。登高遠矚。吶喊盈耳。踴躍三百勇魂。早浮動盤旋于戰雲黯澹處。然日光益烈。目不得瞬。徒促僕而問戰狀。

刃碎矣。鏃盡矣。壯士殲矣。王戰死矣。敵軍蜎集。欲刦王屍。而我軍殊死戰。咄咄然。……危哉危哉。其僕之言蓋如是。嗟此壯士。熱血滴瀝于將盲之目。攘臂大躍。直趨戰壘。其僕欲勸止。欲代死。而不可。而終不可。今也主僕聯袂。大呼「我亦斯巴達武士」。一聲以鬪入層層亂軍裏。左顧王屍。右拂敵刃。而再而三。終以疲憊。故引入熱血朱殷之壘後而此最後決戰之英雄隊遂向敵列戰死之枕噫死者長已矣而我聞其言」

汝旅人兮我從國法而戰死其告我斯巴達之同胞

巍巍乎溫泉門之峽地球不滅則終存此斯巴達武士之魂而七百刹司駭人亦擲頭顱灑熱血以分其無量名譽此榮光紏紛之旁猶記通敵賣國之奢刹利人愛飛得降敵乞命之四百西蒲斯軍雖然此溫泉門一戰而得無量光榮無量名譽之斯巴達武士間乃亦有由愛爾倅尼目病院而生還者

夏夜半闌屋陰覆路惟柝聲斷續犬吠如豹而已斯巴達府之山下猶有未寢之家燈光黯然微透窗際未幾有一少婦送老嫗出切切作離別語旋鏗然闔門慘淡入闈裏孤燈如豆照影成三首若飛蓬非無膏沐蓋將臨蓐默祝願生剛勇彊毅之丈夫子爲國民有所盡耳特適萬籟寥寂酸風戛窗脉脉無言似聞嘆息憶征戍歔夢沙場歔噫此美少婦而女丈夫也寧有嘆息事嘆息豈斯巴斯達女子事惟斯巴達女子能支配男兒惟斯巴達女子能生男兒此非黎阿尼陀王后格爾歌與夷國女王應答之言而添斯巴達女子以萬丈榮光者乎噫斯巴達女子寧知嘆息事（未完）

哀塵

法國囂俄著
庚辰譯

惠克德爾囂俄既於前土曜日。（禮拜六）舉學士院會員經兩日。居辣斐的街之席拉覃夫人。折簡招囂俄而饗以晚餐。

球歌特亦與其列。爾時渠僅一將官。適任亞耳惹利亞大守。行將就任之際也。

球歌特者。齡既六十有五。精神矍鑠。而顏色潤澤。痘痕歷歷滿面。覺有一種粗豪氣。然決非粗野者。渠蓋以戇拙兼意氣。以古風雜今樣者也。復無毫年長者自憙之癖。一機轉之可人也。

席拉覃夫人令將官坐其右。囂俄坐其左。而自處其中。於是此詩人與武人之間。乃生縱論。

將官於並耳惹利亞一事。心滋不平。其論曰。法國取此。是使法國爾後無辭以對歐羅巴也。夫攻取之易者。莫亞耳惹利亞若。在亞耳惹利亞。其兵易於圍擊。捕其兵無以異捕鼠。其兵直可張口啖之耳。且欲殖民於亞耳惹利亞。有綦難者。以厥土貧瘠故也間嘗躬歷其地見所藝黍每莖相距者尺有半囂俄曰誠然古羅馬人所視爲太倉者今乃若是歟雖然即信如君言而余尙以此次之勝利爲幸事爲盛事蓋滅野蠻者文明也先蒙昧之民者開化之民也吾儕居今日世界之希臘人也莊嚴世界誼屬吾曹吾儕之事今方進步余惟歌「霍散那」而已君與余意顯屬背馳然君爲武人爲當事者故云爾余爲哲學者爲道理家故云爾耳

未旣囂俄辭席拉覃夫人以行時方一月九日雪花如掌繽紛亂飛囂俄僅着薄半鞋徑出街上知不能以徒步歸也乃往泰波的街蓋以素知街角有馬車之憩塲故既至則萬徑寥寂絕無輪音囂俄遂鵠立路隅以待馬車之至

囂俄如受主命之僕鵠立以俟瞥見一少年衣裳麗都俯而握雪以投立路角着短領衣之一女子之背女子忽驚呼奔惡少年而擊之少年亦返擊女子復答之於是兩人鬪益烈以其益烈也瞬間而巡查至

巡查皆競執此女子而不敢觸少年

彼不幸之女子見巡查之捕己也乃力抗之然終被捕爾時渠乃宛轉悲鳴巡查各執其雙手曳令行女子呼曰余未爲害余可保必無彼紳士實先擊余者余實無罪乞就此釋余余實未爲一害者也實如是實如是

巡查曰其速行依定律請若嘗試此六閱月間

曰請若嘗試此六閱月間聞斯言也彼不幸之女子乃解辯益力乞哀再三巡查任其悲鳴漠然不稍動終曳此女子至大劇塲後之霞駭街之警署

囂俄惻惻悲此不幸之女子惘然若有失凡是等事起例多旁觀者遂厠入喧笑之羣衆間以隨之行

既達警署囂俄欲徑入爲女子雪其罪復自省曰己之名已多知者且邇日報章亦遍揭之因是等事而輙厠入其中則物議所從生也要之囂俄毋入署

拘此女子之警署則在樓下前臨通衢囂俄欲悉其究竟據窓窺之見此女子以失望之餘慘然伏地而搔其髮囂俄怦然心動惻怛不堪渠復深思終而覺悟曰囂俄應入署

囂俄方入。有一明燭據案而書者。顧而發微弱之聲曰。若何爲者。答之曰。貴官。余適所起一事之證人也。余將以目擊之次第爲此女子告足下。故敢來此言。次此女子凝視囂俄若惟驚且詫者。其人曰。即信如君言。有多少利害存其間。然終無益也。此女子犯大道擊人之科。渠曾毆辱一紳士。渠應處以六月之禁錮

女子乃復悲泣。轉輾於地。忽有數女子徑至渠側。謂渠云。我儕可來訪君。願君勿憂。我儕當賫衣服以與君。君可姑受之。是等女子。爾時乃與以貨幣及食物。

囂俄曰。設若知予名。恐若言動當不如是。若其聽予言

其人曰。然則君何人乎?

囂俄早知無不告以名而事得釋之理。

囂俄告以名。警部（其人乃警部也）忽起。謝無狀。其前之倨傲。倏一易而爲足恭。且以椅進囂俄。乞之坐

囂俄謂警部曰。吾以吾目親見之。彼紳士握雪爲丸。以投女子之背。此女子固未嘗識紳士。因被擊而發痛苦之聲。渠固先奔紳士以擊之。然渠之權利所應爾也。即不

措問其暴亂而雪丸之苦痛與激冷此女子之蒙害固已甚矣紾當事其母或育其兒之女子而奪之食則警部無寧科罰鍰之爲愈是則在肇釁之紳士蓋應捕者實非此女子而紳士也辯護既畢此女子懽喜與感激交見於面渠惟曰此紳士如何之善人歟渠如何之善人歟余未知有若斯之善人者然余未曾遇渠余未嘗識渠」

警部謂囂俄曰余深信君言然巡查已述始末訴狀既成矣君之證言當列諸訴狀內君其安心然終當審理故余不能釋此女子

囂俄曰噫是何言歟余今爲君言者事實甚明實君所不能爭者而亦無可爭者而君尚欲加此女子以罪乎則此審理乃大非理也

警部曰欲釋此事茲惟一法耳即君署名于君之證言是也君署名否歟？

應之曰惟視此女子之釋否以定余之署名茲……

而囂俄遂署名

女子惟再三曰此紳士如何之善人乎渠如何之善人乎

是等不幸之女子待以親切不僅驚感而已待以正理亦然

譯者曰。此囂俄隨見錄之一。記一賤女子芳梯事者也。氏之水夫傳叙曰。宗教社會天物者人之三敵也而三要亦存是人必求依歸故有寺院必求存立故有都邑必求生活故耕地航海三要如此而爲害尤酷凡人生之艱苦而難悟其理者無一非生於斯者也故人常苦於執迷常苦於弊習常苦於風火水土於是宗教教義有足以殺人者社會法律有足以壓抑人者天物有不能以人力奈何者作者常于諸鐵耳譚發其一。于哀史表其二。令于此示其三云。芳梯者哀史中之一人生而爲無心薄命之賤女子。復不幸擧一女。閱盡爲母之哀而轉輾苦痛於社會之陷穽者其人也。『依定律請若嘗試此六月間』噫嘻定律胡獨加此賤女子之身頓那夜迦衣文明之衣跳踉大躍於璀璨莊嚴之世界而彼賤女子者乃僅求爲一賤女子而不可得誰實爲之而令若是老氏有言聖人不死大盜不止。彼非惡聖人也惡僞聖之足以致盜也嗟社會之陷穽兮莽莽塵球亞歐同慨滔滔逝水來日方長使囂俄而生斯世也則剖南山之竹會有窮時而哀史輟書其在何日歟其在何日歟

聞浙江潮出版恨未得見賦此奉寄　越國男子

霸才王氣黯荒邱禹蹟明明説本州我倚天南今獨嘯浙江潮自有潛流

聞鄉人開學社於草茅坂用製祝詞　仝

精舍獨開西郭門諸君豪興自蜚翻澄人社有千秋在越絕書猶一卷存大好江山留霸氣素無師友媿名言（用王陽明語）誰除壇坫張旗鼓我欲南歸問故園

懷七第四章錄其二　詩俠

九關虎豹嗥聲烈三界龍蛇噬態狂天運轉旋期此日地球顏色占何方丹心一片明民義碧血千秋弔國殤廻瞬亞洲有豪傑靑年意氣自飛揚

羯來遊戲隱江村小坐攤書總杜門蓋世勳名天外想非常事續夢中論腸呑鐵石

文苑

疑無迹手斬蛟鼉似有痕長嘯一聲驚主宰也應呼醒兆民魂

題秋海棠補蟋蟀

東甌女士張靜儀

戰事何年息終輪鬪智工數行愛國淚化作滿階紅

題競爭圖

仝

大陸萬物生也有涯哀哉蟬歟螳螂捕之彼螳螂兮揚揚得志乃有黃雀空中窺伺列邦雄飛競爭如此强食弱肉曷持公理

題墨白牡丹

仝

獨占百花王豈在色與香英姿昂然貴綠陰扶其旁繪事悟後素不忍染姚黃尺絹理想寄吾欲帥羣芳

題黃白菊花

仝

籬落秋光愛曉香感情無限寄縑緗從來佳色都天演黃種豈輸白種良

題桃花寶劍

仝

物競炎炎唯天所擇挾骨柔情支配人格豔絕環球光茫鞭電兒女英雄千秋合傳

◉日本神戶大坂兩埠居留之浙商人數事業及與各省人數比較說

大坂埠　浙商約七十人著名者曰周慶中其事業以進口爲大宗出口貨次之進口貨以蔴米棉花漆狸皮羊皮鹿皮藥材等物爲最出口貨以雜貨爲最若與各省人數相比則江蘇約五十人山東約百五十人福建約三十人廣東爲最多數未詳

神戶埠　浙商約百人著名者曰吳錦堂其事業較大坂稍廣進口貨以荳子荳餅爲上米與藥材次之各省人數以廣東爲最多若直隸山東不過十餘人福建又稍加焉統計華商寓神戶埠者約二千百餘人云

兩埠人數事業如上述若大坂市華商之稍占權力者尚推北幫南幫遜之昔曾有

三江公所之設形式類一廟宇。例祭關帝及天飛聖母每朔望日浙商必往行禮若遇神誕則香花燃燭門前揭示與內地廟宇同日人名公所曰南京寺焉若橫濱浙商之數尚未查明。姑俟異日。

◉浙江運河輪船通行表

名別	業主	資本	航路	期日	開業年月
戴生昌	本國商	拾二三萬兩	上海杭州間	日行	光緒十八年
			蘇州杭州間	日行	光緒二十二年
			上海湖州間	間日行	光緒二十一年
大東	日本人	十萬圓	上海杭州間	日行	光緒二十四年四月
			蘇州杭州間	日行	光緒二十七年四月
利用	官立	四萬兩	上海杭州間	日行	光緒二十七年六月
泰昌	本國商	一萬兩	上海湖州間	間日行	光緒二十年
利和	本國商	五六千兩	上海嘉興間	間日行	光緒二十六年九月

萃順昌　本國商　五六千両　上海嘉興硤石間　間日行　光緒十九年

◉温州樂清縣教育部

學校部所　名稱　課目　員數　生徒　經費　建設年月

樂清縣城內樂清縣學堂　國文　經學　政治　歷史　地理　數學　東文　體操　教員五人　總理　監督　庶務　書記　六十名　官立由梅溪書院改　壬寅三月

仝上　算學館　數學　代數　教員一人　三十名　官立　己亥

調查會稿

柳市鎮

樂西學社（內分師範科普通附設藏書所一演說所一由辛五建設每月開會二次聽者近千人又派人往各村鎮演說）

測繪　微積　國文　經學　倫理　政治　歷史　地理　物理　算術　英文　體操　各地演說附

教員　高步雲　黃式蘇　倪彥　陳毓麟　鄭鼎銳　周繼善　王同

校長　吳熙周

稽察　鄭治

會計　馮豹

書記　仝上

六十名

私立（常年二千元由地方田畝抽捐）

壬寅

◉玉環廳教育部

玉環城內	小學堂	國文	教員	未詳	本年
		餘未詳	石藴輝		
楚門小學堂未詳			未詳	郭家私立	

◉杭州輸出貨大宗數目表 專据由杭州洋關運輸者

菜餅	一一〇、五五三担數	六六、三二一六照海關兩
棉花	二、一四七仝	三二、二〇九仝
綿絲由拱宸橋通益公絲廠所出者	一、八〇〇仝	四一、四〇〇仝
扇	三、七一九、五四〇本	一八五、九七七仝
柴	一三三、二二三担	三八、七一三仝
麻袋	一〇〇、四四〇隻	一四、三四〇仝
藥材	六、七三二担	二〇、四五六仝
生絲	、五三〇仝	二二九、六二六仝

仝上由塘栖廠所出者	、七七三仝	四六三、八〇〇仝
鹵	、七六二仝	四六、二一三仝
屑鹵	、八六九仝	四三、四三六仝
綢	二、六三四仝	一、五八〇、五七一仝
徽州茶	六九、七九二仝	一、七四四、八〇九仝
龍井茶	、九九八仝	五四、九一一仝
平水茶	二、五九四仝	五九、六六三仝

右杭州土產輸出表。係依去年海關報告數而立此外尚有絹織各物錫箔各種紙料鉛粉剪刀錫器棉花米漆筍乾藕粉麻皮之類。非由海關經行。故必由釐局調查。乃得確實。

◉杭州外國輸入貨大宗數目表

錫	三、六二九担	一〇八、八七八照海關兩
銅自日本來	一、二八一仝	二五、六一一仝

炭仝	七、九四一仝	七九、四一〇仝
粗葵扇	二、三四一、四〇〇本	一五、二一九仝
牛皮	七二三担	三八、六七八仝
洋油自日本來	二、〇〇二、二八〇箱	三二五、二五五仝
仝上自俄國來	二一〇、七一〇仝	三三二、七一六仝
仝上	二一四、八〇〇仝	二九、四〇五仝
乾蝦	九二九仝	一八、五七四仝
蘇木	一、〇三五仝	一四、四八五仝
石鹼	八、六九七仝	三七、一四二仝
黑砂糖	九、九四九仝	三九、七八三仝
白砂糖	三七、〇八九仝	二二五、一一六仝
洋傘	三、六〇九打	一八、〇四三仝

右杭州外貨輸入表。亦係依去年海關報告數而立。尚有未列入表內者。如鴉片計

重數一百十七萬四千九百四十兩綿織各物計重數八千六百三兩毛織各物計重數八千一百二十七兩銅鐵各物計重數十八萬一千四百七十一兩其餘雜貨計重數一百二十萬五千三百六十七兩鴉片輸入之數如此其大加以本省所出土膏數不勝紀居民之貧者純服土膏所謂台漿是也然則每年銷膏之數直至不可計數謂之病國也亦宜

◉杭州外省輸入貨大宗數目表

豆餅	一一、四〇四担	一七、一〇七照海關兩
豆	三三三、〇九八仝	八三二、七四五仝
黑棗	二、九一七仝	二九、一六二仝
鮮果	一二、二七九仝	七八、〇一九仝
麻	二、九三五仝	二九、三五〇仝
染料	三、二七七仝	一四、五三一仝
油桐油萊油之屬	一七、七〇五仝	一七七、〇五三仝

橄欖	、九三八仝	一一、二六〇仝
紙	、六二五仝	一八、七六九仝
黑砂糖	二七、三〇一仝	一〇九、二〇六仝
白砂糖	八、四五九仝	四二、二九四仝
冰糖	一、三五七仝	一、八四一仝
煙（水煙旱煙之屬）	五、一二二仝	六一、四六二仝
漆	一、二六一仝	六〇、五二四仝
白蠟	、八〇二仝	八一、八四三仝

杭州貨物運輸其自上江來者則自江干以達于湖墅其由蘇滬各地來者則自湖墅以達于江干江干湖墅之間城河通之相距不過二十里然河道狹隘貨物搬運必越二日或三日甚至五六日乃達天旱之頃城河水少船舶壅滯銜尾相接莫能前行即以米論都僱人肩運需時費工莫此爲甚往年曾有建築泥馬路之議杭紳以妨礙城河。航業疊加阻撓是議之起。擬由拱宸橋沿城經艮山慶春清泰望江各

門外以達于江干取其與城河並行也。今聞有人復倡此議。度紳士抵阻之力。當較之往昔稍減矣。

◉三門灣緊要調查書

三門灣界于甯海建跳之東。象山石浦之南。西連五嶼洋。東北連石浦江。其間島嶼甚多。最大者曰南田。截長補短。不下三十方里。其東則有檀頭山上下布袋諸島附焉其西有朱門大佛頭諸島附焉其南有博山島其北有坦塘東門等島又有白礁迭嶼虎口滿山黃嶼葛山南礁諸小島遠近星羅。大小錯綜。浙海島灣之多。莫踰此矣。茲分門戶爲八。

朱門島與坦塘島接以三小嶼是謂三門。

與南田大島相連是謂林門。

與大佛頭相接是謂朱門。

東門島與象山平巖相接是謂颮瓦門。

與上下布袋諸島相接是謂東門江。

上下布袋島西北與南田大島間一小嶼是謂下灣門
其東南與南田大島亦間一小嶼是謂鎖門
南田大島之南接南山島是謂金七門
其地爲甯海象山之門戶甯波臺州之咽喉也於至港灣相接。亦皆有重要之處。今臚舉之如下。

甯海之胡陳港以前横大清爲門戶
瀝洋港茶院港以石墻頭古渡爲門戶
白嶠港以越溪亭頭爲門戶
一市港以礁頭牛腿爲門戶
沙篗港以蔓奧司爲門戶
海游港以竇奧司爲門戶

而要皆總轄於建跳之海股而建跳與五嶼門岳井港車奧港又總會於三門灣三門灣之置重如此若夫與三門灣輔車相依之地。則如象山海股以鎮海之霩衢象

調查會稿

山之錢倉爲門戶而石浦又爲象山之要區此皆塞三門灣而不得出入者也至其水程里數。則

自海門至青塘門水程五十里

自青塘門至牛頭門水程三十里

自牛頭門至三門灣水程六十里

自三門灣至石浦水程三十餘里

自石浦至舟山水程一百八十里

自舟山至寗波水程二百里

此道商舟往來、日以千計。而三門灣爲必由之地。若扼此險。則寗波海門阻隔而不通矣。

往歲。意大利索三門灣。浙中大吏。不知三門灣何地。急檄沿海官吏查勘。時意大利兵艦停泊寗海與奉化交界地之獅子口或上下游弋或沿海測量來去不定。居民莫測。意大利兵上岸時。附近村莊居人。爭殺雞豚售之。獲利甚豐。因此爭相

販賣。媚外之心。熾焉日起。至有村農餽以土產。意兵贈以紙幣。彼此交遺。一如戚友愚民無知因利受餌至可悲憐初意大利商人某至甯海面謁地方官約之曰我欲在甯海開一洋行諸事務望保護嗣向柴姓人租屋數楹即開一公司名爲義利公司雇上海數人司事焉不數月乃雇小工數十名持開礦器具至甯海西鄉約距城四五十里之大坂洋地方直行開礦地方官未之知也居民以事涉洋人亦莫敢攖後以屯駐日久礦苗不佳因而中止浙東諸地。礦產甚多。浙官。棄之。浙人棄之。棄之而不顧。宜有覬覦之者矣。礦者國之精也。失礦則失國。附誌于此。以告浙人之憂心時局者。

調查會稿

第三期刊誤表

葉數	行數	誤字	正字
圖畫三	十二	穩於冠	隱於冠
圖畫三	十八	熱不視	執不視
圖畫三	二十	後腦髮	腦後髮
圖畫四	十	加橈抑	加摧抑
一	三	而求祀	而求祜
二	四	脊腰之	脊腴之
三	二	洞哉吾	恫哉吾
七	十三	以爲衡	以爲衡
九	九	此關係	當在(一)(二)兩條中
九	十	無整濟	無整齊
九	十	此關係	當在(三)(四)兩條中
十	七	末有不	未有不
十五	十	其摸稜	其模稜
十七	十三	之眠友	之昵友
十九	十一	教海于	教誨于
二十	六	遂寂然	遂寂然
二十	六	其干全	其于全
二十	八	之不下	之下挾
二二	九	斷且幾	斷其幾
二三	二	屑之未	屑之末
二三	五	幾日幾	幾月幾
二四	一	一破壞	一破壞
二六	九	立統制	立統治
三三	一	法津者	法律者
三三	八	則關然	則闕然
三五	九	使操卜	脫縱字
三五	十	其沒收	其收沒
三八	八	調停而	戰鬪而
三八	八	戰鬪有	調停有
三八	八	戰鬪而	調停而
四十	四	人類基	基字贅
四二	九	共損益	其損益
四四	十一	機關馬	機關爲
四五	三	狹濫出	狹隘出
四五	八	向以下	脫欖字
四六	九	知融金	知金融
四八	四	能擎肘	能掣肘
四九	六	者率偕	者率皆
五十	一	致種遠	種致遠
五十	二	足以稗	足以稗
五一	三	熬星日	排星日
五四	八	或于電	成于電
五五	六	則貧極	則貪極
五五	十	所彰者	所來者
五六	九	而智渴	而智竭
五七	四	太白靈	太白晝
五七	六	干是中	于是中
五七	十	而枯亡	而梏亡
六十	四	盡回歸	盡同歸
六十	十二	力强健	力强健
六一	五	强健之	强健之
六二	三	而或超	而或趨
六二	八	簡人者	箇性者
六三	十三	限教卜	脫育夫字
六三	十三	教亦卜	脫可字
六六	九	智之工	智之士
六八	六	市儈之	市儈之
六九	六	之氣慨	之氣概
七一	七	纖休也	纖體也
七三	五	同胞當	當字贅
七三	五	末路下	脫當字
七五	八	所設虛	所謂虛
七五	九	是其精	自其精
七五	八	是其全	自其全
七五	十一	則設十	則謂十
七七	八	餘波了	了字贅
八十	五	無不粹	無不萃
八二	五	猶卓卓	尤卓卓
八三	十二	組耶下	脫以字
八三	十三	問題以	以字贅
八四	十	史歷者	歷史者
八五	五	之徵證	之徵驗

八七	三	吁吁	嗟嗟
九十	十三	六萬萬	六百萬
九一	一	走鄭均	走[illegible]陽
九四	七	蹌跟	蹌跟
九八	四	其利害	其利益
一〇〇	二	其領屬	其領屬
一〇一	五	鉛鐵增	鉛鐵增
一〇二	四	歐羅下	脫巴字
一〇二	六	仝欲歷	今欲歷
一〇二	十三	海櫃間	海權間
一〇三	十二	先不過	先字贅
一〇八	十一	若其日	若夫日
一一二	六	含有下	脫政治字
一一六	十二	未未强	未大强
一三〇	四	則且其	則見其
一三二	六	與母姊	與仳姊
一三七	七	蓋不速	壺不速
一三八	五	隻皆誤雙	下一行同
一三八	七	因上議	因下議
一三八	七	以下議	以上議
一三八	八	戰鐵甲	鐵甲戰
一四五	六	劾期	刻期
一四五	六	召遲滿	召還滿
一四六	十三	與其不	若其不
一四八	二	密謀之	罪狀之
一四八	十四	誰爲一	誰爲各
一四九	三	比帝后	此帝后
一四九	九	采慶諸	宋慶諸
一五〇	三	穆新河	穆沁阿
一五〇	六	爲榮祿	如榮祿
一五一	三	和雖知	和雖去
一五一	四	旨中飭	旨申飭
一五一	六	蘇州兵	薊州兵
一五一	七	以調英	以英調
一五一	七	凡調兵	故調兵
一五一	十二	日墓廢	日墓廢
一五二	二	領事見	見字贅
一五三	五	白現勢	白現勢
一五五	四	出里閩	出里閘
一五五	四	罔識外	罔識外
一五五	五	尙非戶	尙非戶
一五八	二	第一個督字下	脫汪氏字
一六〇	九	復激集	復邀集
一六二	七	苦干人	若干人
一六三	七	者得另	者字贅
一六四	十	惟唯通	惟普通
一七三	三	裝簡來	裝簡素
一七三	九	夫家之	之字贅
一七三	十	而失慝	而失匿
一七六	四	歸姓名	歸姪名
一七六	七	不下	失可字
一七六	七	佐之姓	佐之姪
一七七	五	厥發大	遂發大
一八三	八	姪將之	叔姪之
一八四	一	予往貴	予仕貴
一八四	七	伯叔事	叔侄事
一八七		插畫上	脫第五回博覽會正門字
一八八		插畫上	脫水族館字
一八九		插畫上	脫美術館字
一九〇		插畫上	脫機械館字
一九二		插畫上	脫教育館字
一九二	十	出品所	所字贅
一九三		插畫上	脫會場全景字
一九七	十三	大小二	大小一
一九八	十	利七分	利七釐
一九八	十	七八分	八九釐
一九九	一	七八分	八九釐

同鄉題名刊誤表

頁數	行數	誤字	正字
一	八	嘉禕	家騆
二	八	海爃	[illegible]
二	十三	級秋	綱秋
三	五	台誤鑿下同	
五	七	杭州仁和	紹興

江蘇第三期目錄

癸卯閏五月朔日發行

零售每冊　大洋二角五分
半年六冊　大洋一元三角
全年十二冊　大洋二元五角
郵費照加

總發行所　日本東京神田區駿河臺鈴木町十八番地中國留學生會館　江蘇同鄉會出版部

總經售處　上海棋盤街北段　文明書局發行所

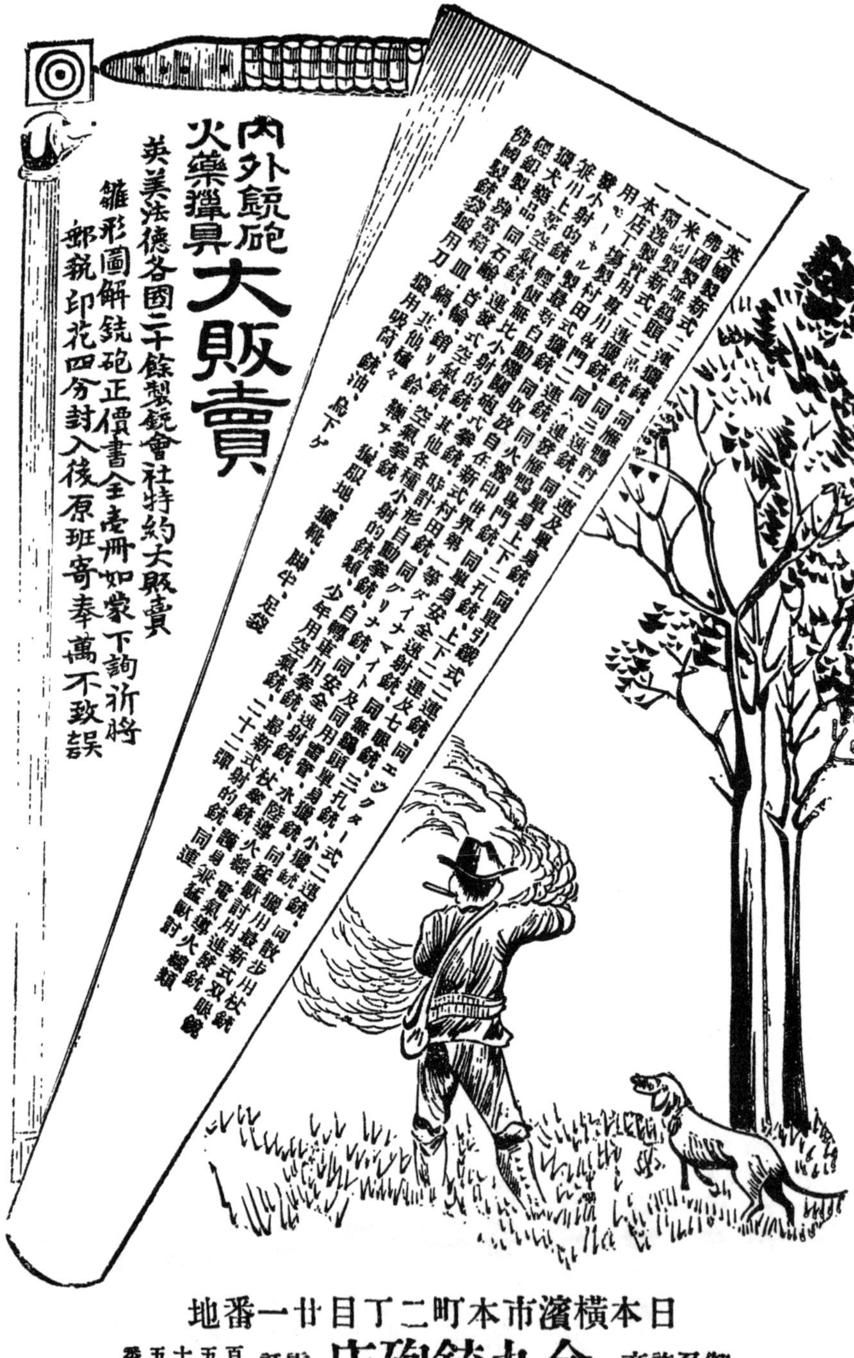
内外銃砲
火藥獵具
大販賣
英美法德各國二千餘製銃會社特約大販賣
雛形圖解銃砲正價書全壹册如蒙下詢祈將
郵税印花四分封入後原班寄奉萬不致誤
一英國製新式二連獵銃、同雁鴨討
一佛國製無鷄頭二連獵銃、同三連銃、二連及單身銃、同單引鐵式二連銃、同エゼクター式二連銃
一米國製新式二連獵銃、同六連銃、同單身上下二孔銃、同單身安全逃射銃、及七眼銃、同ダイナマイト及同無鷄頭三孔銃、小式二連銃、同散彈用杖銃
一獨逸製實用連發銃、同雁鴨專門銃、同單身上下二孔銃
一本店工場製村田式獵銃、同二連銃、同連發雁鴨單身銃
用ヒノキャル製最新式獵銃
發小射的銃、經便新自動銃、同取放自在新式拳銃、村田銃、等各種小形自動拳銃、自轉車用安全逃射銃、少年用空氣銃、最新式杖銃
猿川上等空氣銃、無比機關砲式小射的銃類
獵犬藥品、連發小射的銃、時計形自動拳銃
經鉛製、同石鹼、其他各種小射的銃類
佛國製辨當箱、首輪、鈴、空氣拳銃、獵服地、獵靴、脚牛、足袋
製銃袋、獵用刀、皿、鍋、錯リ、其他獵用品、鞭々、銃油、鳥下ゲ
二十二彈的銃、護身兼猛獸討火繩類
同連發銃、水陸導火線、電氣導連發双眼鏡

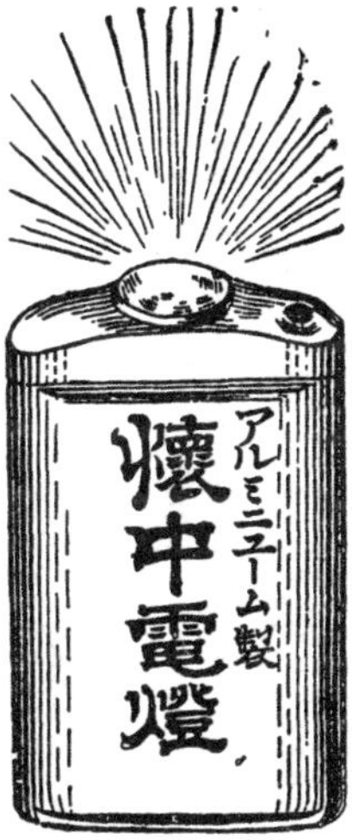

壹個
金四圓五拾錢替電池八拾錢
小包料内地金拾錢長サ曲尺
三寸三步厚八分

本品外部用輕銀製成其内部電池係用一種特別之化學作用製成乾電使能發光
該電燈用於野外演習及秋期演習時頗得好評
該電燈用以狩獵眞屬無上上品銃獵家不可不家置一具也

探見電燈

定價壹個金四圓五拾錢　替電池金八拾錢
替電球壹個八拾錢赤、青、黄御隨意小包料内地
拾錢長サ曲尺七寸五步直徑一寸二步

該電燈用之於室内及倉庫等處既極安全復極明亮其光達三間以上每一電池可用以發光至三千次之久洵輕便之探險器也圖解及正價表倘蒙函示附入郵稅後當即寄奉不誤

日本東京日本橋區通三丁目一番地
銃砲火藥獵具類
懷中電燈電球類　販賣
金丸銃砲店
（電話本局六六三、二一一八）